J. R. R. TOLLKÜHN

DER HERR DER AUGENRINGE

Der Herr der Augenringe

Die ultimative Parodie

Aus dem Englischen von Max Limper

J. R. R. Tollkühn

YES

Behagt dir, was du siehst?«, fragte die üppige Elbenmaid, während sie aufreizend die Falten ihres Gewandes öffnete, um die runden, schattigen Herrlichkeiten darin zu enthüllen. Froyos Kehle war trocken, doch der Kopf schwirrte ihm vor Verlangen und Bier.

Sie schlüpfte aus dem fadenscheinigen Kleid und schritt, ohne sich ihrer Nacktheit zu schämen, auf den gebannten Torfling zu. Mit vollkommener Hand strich sie ihm über die behaarten Zehen, und er sah hilflos zu, wie diese sich vor Wollust krümmten.

»Lass mich es dir bequemer machen«, hauchte sie, fummelte an den Schnallen seines Wamses und löste kichernd sein Schwertgehänge. »Fass mich an, oh, fass mich an«, frohlockte sie.

Froyos Hand streckte sich praktisch von selbst aus und strich über die zarte Schwellung ihres Elbenbusens, die andere Hand fuhr langsam um ihre schmale, makellose Taille und zog sie fest an seine Hühnerbrust.

»Zehen, ich *liebe* haarige Zehen«, stöhnte sie und drückte ihn auf den silbrigen Teppich. Ihre winzigen rosa Zehen streichelten das üppige Fell seines Spanns, während Froyos Nase die Wärme ihres köstlichen Elbennabels suchte.

»Aber ich bin so klein und haarig und … und du bist so schön«, wimmerte Froyo und befreite sich aus seinen verhedderten Strumpfbändern.

Die Elbenmaid sagte nichts, sondern keuchte nur aus tiefster Kehle und zog ihn enger an ihren faunartigen Leib. »Eines noch musst du für mich tun«, flüsterte sie in sein struppiges Ohr.

»Alles«, schluchzte Froyo, der vor Lust immer hektischer wurde, »alles!«

Sie schloss die Augen, öffnete sie wieder und blickte himmelwärts.

»Den Ring«, sagte sie, »ich begehre deinen Ring.«

Froyos gesamter Körper wurde steif. »Oh nein«, rief er entsetzt, »den nicht! Alles außer dem.«

»Ich muss ihn haben«, sagte sie mit zärtlichem Ingrimm. »Ich muss den Ring haben!«

Froyo verschwamm es vor den Augen. »Ich kann nicht«, sagte er, »ich darf nicht!«

Aber er wusste, dass der Wille in ihm nicht mehr stark war. Langsam kroch die Hand des Elbengirls auf die Kette in seiner Westentasche zu, näher und näher kam sie dem Schmuckstück, das Froyo so treu gehütet hatte …

INHALT

VORREDE DES ÜBERSETZERS

Leider weiß ich nicht mehr, was ich dachte, als ich damals *Der Herr der Augenringe* las. Wahrscheinlich war es so was wie: »Ob Sabine aus der Parallelklasse heute wieder im selben Bus sitzt wie ich?« Jedenfalls hat das Buch bei mir einen tiefen Eindruck hinterlassen, ein warmes Gefühl. Es war auch ein augenzwinkernder Ausstieg aus der humorfreien Fantasy-Welt, in die ich mich wie viele Jungs aus der Mittelschicht zurückgezogen hatte, ein Eskapismus aus dem Eskapismus.

Erst als ich 25 Jahre später mit der Neuübersetzung dieses Bestsellers beauftragt wurde und mehrere Leute aus der Fantasy- wie aus der Comedy-Branche nach ihrer Meinung fragte, erfuhr ich, dass das Buch bei vernünftigen Leuten über 16 als ziemlicher Schund gilt.

ACHTUNG! Allerletzte Möglichkeit, dieses Buch wieder zurück auf den Grabbeltisch zu legen! Je länger du es in der Hand hältst, desto peinlicher!

Du musst wissen, *Der Herr der Augenringe* ist von 1969 und randvoll mit Bezügen zum Koreakrieg, zur Hippie-Kultur und zu Randfiguren der amerikanischen Politik. Die Tolkien-Übersetzerin Margarethe Carroux hat die Geschichte 1980 mit großem Geschick und bewundernswerter Sorgfalt ins Deutsche übertragen, und das Ergebnis ist so witzig, als wäre *Das Leben des Brian* von *ZDF-History* neu verfilmt worden.

Wie weit darf ich mich als Übersetzer vom Original entfernen? Welche Grenzen setzt mir das unantastbare Urheberrecht der Autoren? Was wiegt schwerer, Texttreue oder Gagdichte? Zum Glück weiß ich die Antwort auf diese Fragen nicht. Ich finde, wenn im Original eine Anspielung auf Elvis steht, gehört in die Übersetzung eine Anspielung auf Helene Fischer. Wenn ich ein englisches Wortspiel mal nicht übersetzen kann, lasse ich es weg und füge dafür an anderer Stelle ein deutsches Wortspiel ein, versprochen. Und an dritter Stelle vielleicht noch ein weiteres. Ich habe mir sogar erlaubt, unwitzige Passagen ins Witzige zu übersetzen. Warum? Weil.

Zwar geht es mir ebenso wie den Autoren »hauptsächlich ums Geldverdienen«, aber ich muss auch zugeben, dass mir die Arbeit an diesem Machwerk einige Freude gemacht hat, und zwar bis an die Grenzen dessen, was an unterdrücktem Kichern in einem Gemeinschaftsbüro statthaft ist. Vielleicht hast du ja auch Freude daran, und vielleicht kann dich dieses Buch darüber hinwegtrösten, dass Lia aus der Parallelklasse heute nicht im selben Bus saß wie du.

Und jetzt geh endlich zur Kasse und kauf diesen Schund! Die Buchhändlerin guckt schon.

Vorwort

Zwar können wir nicht wie Professor T. behaupten, »diese Erzählung wuchs und wuchs, während ich sie erzählte«, aber es trifft durchaus zu, dass diese Geschichte – oder vielmehr die Idee, sie billig auf den Markt zu schmeißen – umso schneller zustande kam, je leerer unsere Bankkonten wurden. Der Druckabfall in unserem ohnehin mageren Portfolio war an sich kein Grund zur Sorge (oder zum »Trübsal«, wie Professor T. es treffend ausdrücken würde), wohl aber die daraus resultierenden Drohungen und Ohrfeigen seitens unserer Gläubiger. Nachdem wir lange über diese Misere (oder »Unbill«) nachgedacht hatten, zogen wir uns in die Leselounge unseres Studentenclubs zurück, um über unsere Zukunft (oder »Privatinsolvenz«) nachzudenken.

Der folgende Herbst fand uns immer noch in unseren Ledersesseln, wund gesessen und deutlich abgemagert, aber weiterhin ohne ein Leckerli für die Wolfsmeute, die vor unserer Tür herumlungerte. Da kamen unsere arbeitsscheuen Hände zufällig auf einer eselsohrigen 19. Ausgabe von *Der Herr der Ringe* vom lieben alten Professor T. zu liegen. Mit Dollarzeichen in den unschuldigen Augen stellten wir fest, dass sich das Buch immer noch verkaufte wie geschnitten Brot. Mit einem Popeline-Sack voller Frozen Yogurt als Proviant schlossen wir uns ins Squash-Feld der *Harvard Lampoon* ein, bis an die Backenzähne bewaffnet mit Synonymwörterbüchern und Raubdrucken der internationalen Verleumdungsgesetzgebung.

Der Frühling fand uns mit Karies und mehreren Pfund Altpapier, das mit verschmiertem, unleserlichem Gekritzel bedeckt war. Bei Durchsicht erwies sich dieses Konvolut als überraschend brillante Parodie auf die linguistischen und mythologischen Erfindungen des

Professors, gespickt mit Seitenhieben auf seine Schwäche für die nordische Sagenwelt und unheilschwangere Reibelaute. Allerdings überzeugte uns eine grobe Schätzung des Marktwerts unseres Manuskripts davon, dass es aus finanzieller Sicht bestenfalls als Zunder für den Bibliothekskamin taugte. Am nächsten Tag waren wir durch einen beinahe tödlichen Kater und den Verlust all unserer Körperbehaarung eingeschränkt[1], dennoch setzten wir uns an zwei aufgetankte Schreibmaschinen und ratterten noch vor der Mittagspause[2] das Machwerk herunter, das du gleich lesen wirst. Das daraus entstandene Buch war, wie du selbst sehen wirst, so lesbar wie die minoische Linear A und von ähnlichem literarischem Wert wie ein handsignierter Aldiprospekt.

»Was irgendwelche tiefere Bedeutung oder ›Botschaft‹ betrifft«, wie der Professor in *seinem* Vorwort schreibt, so gibt es bei uns keine, abgesehen von der, die man hineininterpretieren mag.[3] Wir hoffen aber, dass du, liebe Leserin und lieber Leser, durch dieses Buch zu tieferen Einblicken nicht nur in das Wesen der literarischen Piraterie, sondern auch in deinen eigenen Charakter gelangt.[4]

Der Herr der Augenringe ist als Parodie gedacht. Dies ist sehr wichtig. Eine Parodie möchte ein anderes Buch verspotten, nicht einfach mit ihm verwechselt werden. Daher müssen wir potenziell Kaufwillige eindringlich warnen:

DIESES IST NICHT DAS WAHRE, EIGENTLICHE, RICHTIGE BUCH! Falls du also dieses Exemplar in dem Glauben kaufen möchtest, es handele sich um *Der Herr der Ringe*, dann lege es gleich wieder zurück in die Grabbelkiste, in der du es gefunden hast. Ach, du hast ja schon bis hierhin gelesen, also hast du es bereits gekauft – oh Mann, das tut uns aufrichtig leid.[5]

---

1 Aber das ist eine andere Geschichte.
2 Und die Mittagspause nimmt unsereiner *ernst*, mein Lieber.
3 Preisfrage: Wer oder was wird laut P. T. Barnum »jede Minute geboren«?
4 Preisfrage: Was fehlt in diesem berühmten Sprichwort? »Die Welt will … sein.« Du hast drei Minuten, die Zeit läuft!
5 *ka-TSCHING!*

Schließlich hoffen wir, dass diejenigen, die T.s bemerkenswerte Trilogie gelesen[6] haben, sich nicht gekränkt fühlen durch den harmlosen Ulk, den wir uns damit machen. Spaß beiseite, wir begreifen es als Ehre, dass wir uns über ein imposantes, wirklich meisterhaftes, geniales und fantasievolles Meisterwerk lustig machen dürfen. Immerhin ist das die wichtigste Aufgabe, die ein Buch erfüllen kann: Vergnügen zu bereiten, in diesem Fall Vergnügen durch Gelächter.

Mach dir nicht zu viele Gedanken, wenn du über das, was du nun lesen wirst, nicht lachen kannst. Denn wenn du deine kleinen rosa Ohren spitzt, wirst du vielleicht aus weiter Ferne das silberne Glöckchen der Glückseligkeit läuten hören.[7]

Das sind wir, mein Lieber.

---

6 Was heißt hier gelesen? Verschlungen, auswendig gelernt und schon zweimal bei einem verregneten LARP im Hunsrück durchgespielt!
7 Noch mal zum Mitschreiben: *ka-TSCHING!*

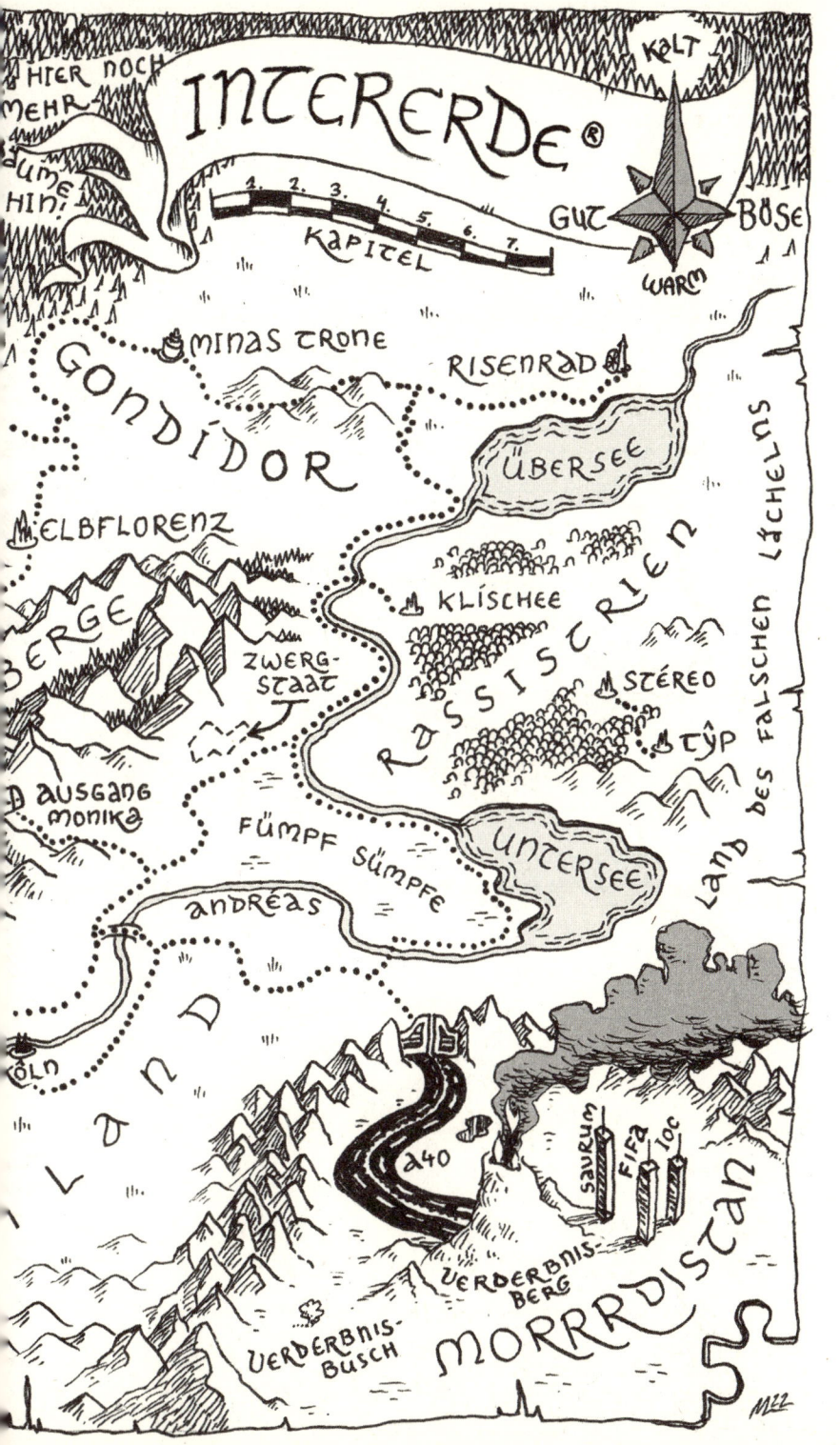

Vorbemerkung: über Torflinge

Dieses Buch dreht sich hauptsächlich ums Geldverdienen, und auf seinen Seiten erfährst du vieles über die charakterliche und literarische Integrität der Verfasser. Praktisch nichts lernst du hingegen über Torflinge, weil doch jeder einigermaßen geradeaus denkende Mensch zugeben muss, dass derartige Wesen nur in der Fantasie von Kindsköpfen existieren, die ihre frühen Jahre in Weidenkörben verbracht haben und dann zu Straßenräubern, Hundedieben und Webdesignern herangewachsen sind. Allerdings ist diese Zielgruppe, gemessen an den Verkäufen von Professor T.s spannenden Büchern, zahlenmäßig recht ansehnlich und trägt die Art von Brandspuren auf ihren Taschen, die nur durch spontane Entzündung zerknüllten Geldes entsteht. Solchen Buchkäufern zuliebe haben wir hier ein paar rassistische Vorurteile über Torflinge zusammengestellt, und zwar indem wir uns alle Bücher des Professors unters Kopfkissen gelegt und etwas Interessanteres gelesen haben. Für solche Leser fügen wir auch eine Zusammenfassung von Dildo Poplins früheren Abenteuern an, die er selbst *Unterwegs mit Schmollum auf der Suche nach Intererde* nannte, die aber vom Verlag klugerweise in *Tal der Trolle* umbenannt wurden (demnächst ebenfalls in deinem Buchladen, falls dieser unglaubliche Schund hier sich tatsächlich verkaufen sollte).

Die Torflinge sind ein uninteressantes, aber nerviges Völkchen, dessen Zahl stark zurückgegangen ist, seit die Märchenmärkte ins Bodenlose abstürzten. In ihrer ganzen lahmen Einfalt und Verstocktheit führen sie am liebsten ein einfaches Leben in ländlichem Elend.

Sie mögen keinerlei Gerät, das komplizierter ist als ein Knüppel, eine Keule oder, um noch ein Beispiel zu nennen, ein Prügel. Schon immer zeigten sie eine Scheu vor den »Großen Leuten« oder »Großies«, wie sie unsereins nennen. Heutzutage meiden sie uns generell, außer bei seltenen Gelegenheiten, wenn sich ungefähr hundert von ihnen zusammenrotten und einen einsamen Pilzsucher oder Geocacher abmurksen. Sie sind kleine Leute, kleiner als die Zwerge, von denen sie für mickrig, gerissen und undurchschaubar gehalten und als »Gefahr aus dem Torf« bezeichnet werden. Selten überschreiten sie eine Höhe von drei Fuß, aber sie sind durchaus in der Lage, auch halb so große Kreaturen zu überwältigen – solange sie im Vorteil sind. Die Torflinge des Augenlandes, mit denen wir uns hauptsächlich beschäftigen, sind Langweiler vor dem Herrn und tragen beige glänzende Anzüge mit schmalem Revers, dazu Sepplhut und kolumbianische Krawatte. Sie mögen keine Schuhe und laufen auf zwei behaarten, stumpfen Apparaten, die man nur wegen ihrer Stellung am Beinende als Füße bezeichnet. Ihre Gesichter sind von einer pickligen Boshaftigkeit, die auf eine Vorliebe für obszöne Chatnamen schließen lässt, und in ihrem Lächeln liegt etwas, das Komodowarane vor Neid schlucken lässt – vielleicht ist es ja die fußlange, wedelnde Zunge? Sie haben lange, gewiefte Finger, wie man sie normalerweise am Hals kleiner Pelztiere und in den Taschen anderer Leute findet. Großes Geschick beweisen sie in der Herstellung raffinierter Gebrauchsgegenstände, gezinkter Würfel etwa oder Sprengfallen. Sie essen und trinken herzlich gern, spielen Fingerhakeln mit dummen Huftieren und erzählen sich schmutzige Zwergenwitze. Sie feiern öde und schenken billig, und sie genießen die gleiche allgemeine Achtung und Wertschätzung wie ein toter Otter.

Zweifellos sind Torflinge mit uns verwandt und stehen irgendwo auf der Evolutionslinie, die von Ratten über Vielfraße zu Neonazis führt, aber wie unsere genaue Beziehung ist, bleibt ungeklärt. Ihre Ursprünge reichen weit zurück in die gute alte Zeit, als der Planet von quietschbunten Wesen bevölkert war, wie man sie heutzutage erst nach einem Liter Wodka-Maggi erblickt. Aufzeichnungen aus dieser Zeit bewahren allein die Elben auf, die aber zumeist nur Elbenkram, schlüpfrige Bilder von nackten Trollen und Berichte über geile »Orkien« enthalten. Torflinge haben jedenfalls schon lange vor den Tagen von Froyo und Dildo in Intererde gelebt, als diese beiden wie eine vergessene Dauerwurst, die plötzlich ihre Gegenwart kundtut, die Räte der Alten und Albernen störten.

Alles dies geschah im dritten Zeitalter von Intererde, genannt das Blechzeitalter. Die Gestade jener Epoche ruhen seit Langem im Meer, ihre Bewohner dagegen hinter Glas in Ripley's Kuriosem Kuriositätenkabinett. Alle Aufzeichnungen aus ihrer ursprünglichen Heimat hatten die Torflinge zu Froyos Zeiten längst verloren, teils, weil ihre Lesefähigkeit und intellektuelle Entwicklung denen eines jungen Kugelfisches glichen, teils, weil sie trotz ihres Fimmels für Ahnenforschung nicht wahrhaben wollten, dass ihre mühsam gefälschten Familienbäume so einheimische Wurzeln hatten wie ein Kaktus. Ihr starker Akzent und ihre Vorliebe für in Pomade Gebratenes lässt dennoch vermuten, dass sie irgendwann im Zwischendeck aus dem Westen einreisten. In ihrem Legenden- und Liedgut, das hauptsächlich von lüsternen Elben und läufigen Drachen handelt, kommt beiläufig die Gegend um den Fluss Ármin vor, zwischen dem Sperrholz und den Pappebergen. Weitere Urkunden in den großen Bibliotheken von Gondídor bestätigen derlei Vermutungen, alte *Hörzu*-Artikel und dergleichen. Warum sie sich einst zu der gefährlichen Überfahrt nach Eldorádor entschlossen, ist ungewiss, ihre Lieder jedenfalls erzählen von einem Schatten, der über das Land fiel, sodass die Rübchen nicht mehr wuchsen.

Vor der Überquerung der Pappeberge hatten sich die Torflinge aus schierer Freude am Rassismus in drei Unterarten aufgespalten: Klumpige, Bockige und Ledrige. Die Klumpigen, bei Weitem die zahlreichsten, waren dunkelhäutig, verschlagen und klein. Ihre Hände

und Füße waren so geschickt wie Brecheisen. Sie lebten vorzugs-
weise im Hügelland, wo sie Kaninchen und kleine Ziegen überfallen
konnten, und verdingten sich bei der örtlichen Zwergenpopulation als
Torpedos. Bockige waren größer und öliger als Klumpige, und sie
lebten in den miefenden Landen an der Mündung und den sonstigen
Ausflüssen des Ármin, wo sie Halsen und Kröpfe für den Flusshandel
züchteten. Sie hatten langes, glänzend schwarzes Haar und liebten
Messer. Die engsten Beziehungen pflegten sie zum Menschenvolk,
für das sie gelegentlich TÜV-Prüfungen abwickelten. Am wenigsten
zahlreich waren die Ledrigen, die größer und schlanker waren als die
anderen Torflinge und in den Wäldern lebten, wo sie einen florieren-
den Handel mit Lederwaren, Sandalen und Selbstgebasteltem unter-
hielten. Sie übernahmen regelmäßig Renovierungsarbeiten für die
Elben, verbrachten aber die meiste Zeit mit dem Absingen vulgärer
Volkslieder und dem Ärgern von Eichhörnchen.

Nach der Überwindung des Gebirges hatten es die Torflinge eilig
mit dem Sesshaftwerden. Sie kürzten ihre Namen ab und drängten
in die Tennisklubs, wobei sie Muttersprache und Heimatbräuche ab-
legten wie ein bekleckertes Hemd. Dank einer außergewöhnlichen
Wanderbewegung der Menschen und Elben nach Osten hin, die zur
gleichen Zeit stattfand, lässt sich das Datum, an dem die Torflinge
auftauchten, mit einiger Genauigkeit bestimmen. Im selben Jahr
nämlich, dem 1623. Jahr des Dritten Zeitalters, führten die Ledrigen-
Brüder Schuko und Druko eine große Gefolgschaft von Torflingen,
verkleidet als Bande wandernder Grabräuber, über den Gallweinfluss
und entrissen Hochkönig Arg von Argwohn die Macht. Als Gegen-
leistung für die widerwillige Zustimmung des Königs errichteten sie
Mautstellen an Straßen und Brücken, raubten seine Boten aus und
schickten ihm anzügliche oder drohende Kurznachrichten. Kurz gesagt, sie ließen sich einigermaßen dauerhaft nieder.

Somit begann die Geschichte des Augenlandes, und die Torflinge setzten mit Blick auf gewisse Verjährungsfristen eine neue Zeit-

rechnung in Kraft, die mit der Querung des Gallweins begann. Sie waren sehr zufrieden mit ihrem neuen Land, und einmal mehr schieden sie aus der Geschichtsschreibung der Menschen, was mit dem gleichen Bedauern aufgenommen wurde wie der plötzliche Tod eines Dauerkläffers. Das Augenland war auf allen ADAC-Karten mit großen braunen Flecken markiert, und die einzigen Menschen, die jemals durchreisten, hatten sich entweder verfahren oder waren völlig gaga. Abgesehen von diesen seltenen Besuchern waren die Torflinge bis zur Zeit von Froyo und Dildo ganz sich selbst überlassen. Solange es in Argwohn noch einen König gab, blieben die Torflinge auf dem Papier seine Untertanen, und zur letzten Schlacht bei Argwohn gegen den Reichsverweser von Natriumtetraborat schickten sie einige Heckenschützen, wobei unklar ist, auf welche Seite diese sich schlugen. Damit endete das Nördliche Reich, und die Torflinge kehrten in ihr einfaches Leben zurück, zu Speis und Trank, Sang und Klang, Trick- und Scheckbetrug.

Nun, das leichte Leben des Augenlandes hatte die Torflinge im Grunde unverändert gelassen. Sie waren immer noch so schwer zu töten wie eine Kakerlake und so leicht zu manipulieren wie eine ausgehungerte Ratte. Zwar griffen sie meist nur aus Heimtücke an und töteten nur gegen Geld, dennoch blieben sie Meister des Tiefschlags und der Überzahl. Als erstklassige Schützen kannten sie sich mit Maschinenkanonen jeden Kalibers aus, und wer als kleines, lahmes und dummes Tier einer Meute Torflinge den Rücken zukehrte, hatte vermutlich Lust auf schwere Quetschungen.

Ursprünglich lebten alle Torflinge in Löchern – kaum verwunderlich bei Wesen, die mit Ratten auf Du und Du stehen. Zu Dildos Zeiten waren ihre Behausungen größtenteils nach Elben- und Menschenart oberirdisch gebaut, besaßen aber noch viele Merkmale der herkömmlichen Baue und unterschieden sich kaum von den Heimstätten jener Spezies, die im August tief in den Mauern alter Häuser verendet. In der Regel waren sie knödelförmig, aus Mulch, Schlick, Soden und sonstigen Ablagerungen gebaut und gern von Tauben weiß gekalkt. Daher sahen die meisten Ortschaften aus, als hätte dort ein sehr großes, unsauberes Wesen, womöglich ein Drache, eine Reihe peinlicher Stuhlgänge erlitten.

Im gesamten Augenland gab es mindestens ein Dutzend dieser merkwürdigen Siedlungen, verbunden durch ein Straßennetz, durch Postämter und eine Verwaltung, die für eine Miesmuschelkolonie ungewöhnlich primitiv gewesen wäre. Das Augenland war in Landstriche, Abstriche und Straßenstriche eingeteilt und wurde von einem Bürgermeister regiert, den man jedes Jahr am Aschermittwoch durch hektisches Vollstopfen von Wahlurnen neu wählte. Bei seinen Aufgaben unterstützte ihn eine ziemlich große Polizeitruppe, die hauptsächlich Geständnisse erpresste, hauptsächlich falsche, hauptsächlich von Eichhörnchen. Abgesehen von dieser Scheinobrigkeit gab es im Augenland keine Anzeichen von Regierungstätigkeit. Die Torflinge verbrachten die allermeiste Zeit damit, Nahrung anzubauen und zu essen sowie Schnaps herzustellen und zu trinken. Der Rest ging mit Kotzen vorüber.

VOM RINGFUND

Wie schon in *Tal der Trolle*, dem Vorgänger des vorliegenden Machwerks, dargelegt, machte sich Dildo Poplin eines Tages mit einer Bande schwachsinniger Zwerge und einem abgehalfterten Rosenkreuzer namens Sandalf auf den Weg, um einen Drachen um seine gehorteten Futures und Derivate zu erleichtern. Das Unternehmen war erfolgreich, und der Drache, ein nach Autobusabgasen riechender Vorkriegsbasilisk, wurde von hinten hopsgenommen, als er gerade seine Payback-Punkte sortierte. Unterwegs wurden noch allerlei sinnlose und ärgerliche Taten begangen, und das ganze Abenteuer würde uns viel weniger beschäftigen, wäre da nicht ein eigentlich unerheblicher Diebstahl, den Dildo zwischendurch nur der Übung halber verübte. Die Reisegesellschaft wurde nämlich in den Klebebergen von einem Rudel Orks angegriffen, und als Dildo selbstverständlich den umkämpften Zwergen zu Hilfe eilen wollte, verlor er vor lauter Heldenmut die Orientierung, rannte in eine völlig andere Richtung und landete in einer Höhle. Nun stand er vor der Mündung eines Tunnels, der offensichtlich bergab führte, und infolge eines alten Innenohrproblems, das auf einmal wieder da war, wetzte Dildo den Tunnel hinab, um, wie er sicherlich dachte, seinen Freunden zu helfen. Nachdem er einige Zeit gerannt war und statt seiner Gefährten nur noch mehr Tunnel vorgefunden hatte, beschlich ihn das Gefühl, irgendwo falsch abgebogen zu sein. Aber dann endete der Gang abrupt in einer großen Grotte.

Als sich Dildos Augen an das fahle Licht gewöhnt hatten, stellte er fest, dass die Grotte fast ganz von einem breiten, nierenförmigen See ausgefüllt war, in dem ein fies aussehender Kasper namens Schmollum auf einem alten Gummieinhorn herumpaddelte. Schmollum ernährte sich von rohem Fisch mit gelegentlichen Beilagen in Form von verirrten Reisenden wie Dildo und freute sich über dessen unerwartete Ankunft wie über das Klingeln des Lieferando-Lieferanten. Aber Schmollum war ein vom Torfling abstammendes Wesen und überwältigte daher alles, was über fünf Zoll groß und mehr als zehn Pfund schwer war, lieber auf die sanfte Tour. Also forderte er Dildo zu einem Ratespiel heraus, um Zeit zu gewinnen. Dildo, der (vielleicht wegen der Innenohrsache) momentan vergessen hatte, dass die Zwerge draußen zu Brei geklopft wurden, willigte ein.

Sie stellten einander unzählige Quizfragen, zum Beispiel »Von welchem Schauspieler wurde Dumbledore gespielt?« oder »Woraus besteht Kryptonit?«. Am Ende gewann Dildo das Spiel. Denn als ihm kein Rätsel mehr einfiel, stieß er mit der Hand auf seine stupsnasige 38er und rief: »Was habe ich in meiner Tasche?« Darauf wusste Schmollum keine Antwort, wurde ungeduldig, paddelte zu Dildo und jammerte: »Lass sehen, lass sehen.« Dildo zog wunschgemäß die Pistole und entleerte sie in Schmollums Richtung. Da die Dunkelheit das Zielen erschwerte, gelang es ihm nur, die Luft aus dem Gummitier zu lassen, sodass es absoff. Schmollum, der nicht schwimmen konnte, streckte die Hand nach Dildo aus und flehte um Rettung. Dildo tat ihm den Gefallen, bemerkte dabei einen interessanten Ring an Schmollums Finger und zog diesen ab. Er hätte Schmollum an Ort und Stelle erledigt, aber das Mitleid gebot ihm Einhalt: *Ich Ärmster hab keine Kugeln mehr,* dachte er nämlich. Während er den Stollen emporschritt, hallte Schmollums Wutgeheul hinter ihm her.

Merkwürdigerweise hat Dildo diese Geschichte nie erzählt und stattdessen behauptet, er habe den Ring einem Schwein aus der Nase gepult oder aus dem Kaugummiautomaten gezogen – was es genau war, wisse er nicht mehr. Der von Natur aus misstrauische Sandalf entlockte dem Torfling schließlich mithilfe eines geheimen Zaubertranks[8] die Wahrheit und ärgerte sich sehr, dass Dildo, der ein eifriger und zwanghafter Lügner war, keine originellere Geschichte erfunden hatte. Schon damals, ungefähr fünfzig Jahre vor dem Anfang unserer Geschichte, erahnte Sandalf die Bedeutung des Ringes.

Schon damals lag er wie immer völlig daneben.

---

8 Wahrscheinlich Ethanol

I
MEINE PARTY, MEINE REGELN

Als Mr. Dildo Poplin von Popelsend widerwillig sein Vorhaben kundtat, allen Torflingen in diesem seinem Teil des Augenlandes ein kostenloses Fressfest zu spendieren, ließ die Reaktion nicht lange auf sich warten. Durch den gesamten unordentlichen kleinen Slum hallten Kiekser wie »Nice!« und »Geil-o-mat, Happa-happa!«. Sabbernd vor lauter Vorfreude wurden mehrere Adressaten von der Gier übermannt und verschlangen das kleine gravierte Einladungspergament. Nach der anfänglichen Hysterie kehrten die Torflinge jedoch zum Alltag zurück und fielen ins gewohnte Koma.

Nichtsdestotrotz grassierten bald in den schmuddeligen Katen Gerüchte von neuerlichen Anlieferungen: ganze, verwirrte Ochsen, große Fässer mit schaumigen Laugen, Feuerwerkskörper, tonnenweise Toffelgrün und Suppentüten voller Tütensuppe. Sogar riesige Ballen frisch geernteten Würgekrauts, eines beliebten und bemerkenswert starken Brechmittels, wurden ins Städtchen gekarrt. Die Nachricht vom Fest drang vor bis zum Gallweinfluss, und aus den übelsten Winkeln des Augenlandes trieb es die Bewohner wie umherziehende Blutegel ins Städtchen, allesamt dermaßen versessen auf die Gratisorgie, dass im Vergleich dazu etwas sehr Gieriges wie etwas überhaupt nicht Gieriges ausgesehen hätte.

Niemand im Augenland hatte eine bodenlose Speiseröhre als die sabbernde und senile alte Klatschbase Haf Gangrän. Haf hatte dem

Städtchen ein Leben lang treu als Nachtwächter gedient, lebte aber inzwischen vom passiven Einkommen seines Erpresserbetriebs.

Am heutigen Abend becherte Dicklippe, wie er genannt wurde, im »Blauen Auge«, einer schäbigen Pinte, die schon öfter von Bürgermeister Schnellgeld dichtgemacht worden war, meist wegen neuerlicher Sittenwidrigkeit der barbusigen Torfschönheiten, die einen Troll schneller getrollt bekamen, als man »Troll« sagen konnte. Die übliche Ansammlung versoffener Dummköpfe war anwesend, darunter auch Dicklippes Sohn Spam Gangrän, der gerade seine Bewährungsstrafe wegen einer unnatürlichen Handlung an einer minderjährigen Drächin feierte.

»Das Ganze riecht doch ziemlich schräg«, sagte Dicklippe und sog den beißenden Rauch seiner Nasenpfeife ein. »Ich meine, dass Mr. Poplin so 'ne Fressorgie schmeißt, obwohl er seit Jahren kein schimmeliges Stück Käse für die Nachbarn übrig hatte.« Die Zuhörer nickten stumm, denn dies war sicherlich der Fall. Noch vor seinem »seltsamen Verschwinden« hatte Dildo seinen Bau in Popelsend von wilden Vielfraßen bewachen lassen, und dass er jemals auch nur einen Pfennig zur jährlichen Mithrilsammlung zugunsten obdachloser Hollerweiber hergegeben hätte, daran konnte sich keiner erinnern. Dass dies auch sonst nie jemand tat, taugte nicht als Entschuldigung für Dildos berühmten Geiz. Der alte Eigenbrötler hatte offenbar nur seinen Neffen im Sinn und seine Begeisterung für zotiges Scrabble.

»Und dann sein Junge, der Froyo«, fügte Nat Klumpfuß mit stierem Blick hinzu, »der ist doch bekloppt wie ein Buntspecht.« Dies bestätigten gleich mehrere, auch der Alte Arsch aus Hintertupfingen. Denn wer hatte nicht schon mal Poplins Froyo durch die Gässchen von Torfingen streunen gesehen, Blumensträußchen im Arm, vom »Wahren und Schönen« quasselnd und Blödsinn wie »Cogito ergo Torf« murmelnd?

»Ein Vogel ist er schon«, sagte Dicklippe, »und mich würd's nicht wundern, wenn er tatsächlich, wie man hört, irgendwie zwergophil unterwegs wäre.« An diesem Punkt setzte verlegenes Schweigen ein, besonders beim jungen Spam, der das Gerücht, die Poplins seien »verkappte Zwerge«, immer für unbegründet gehalten hatte. Spam wandte nun ein, echte Zwerge seien kleiner als Torflinge und röchen auch strenger.

»Steile These«, lachte Dicklippe und wedelte mit dem rechten Vorderbein, »zumal es um einen geht, der den Namen Poplin nur ausgeliehen hat!«

»Genau«, pflichtete Stücki Peristalt bei. »Wenn der Froyo kein Spross einer Notheirat ist, dann fress ich eine Beere!« Die Zecher lachten laut auf beim Gedanken an Froyos Mutter, Dildos Schwester, die einst hastig auf die falsche Seite des Gallweins hinüberheiraten musste, und zwar einen sogenannten Halbling, also halb Torfling, halb Opossum. Einige der Umsitzenden nahmen das Thema auf, und es folgten allerlei grobe[9] und ziemlich einfältige Scherze auf Kosten der Poplins.

»Und dann«, sagte Dicklippe, »tut Dildo immer so geheimnisvoll, wenn ihr wisst, was ich meine.«

»Es gibt wohl welche, die meinen, er benähme sich wie einer, der was zu verbergen hat, heißt es«, verlautete eine fremde Stimme aus einer dunklen Ecke. Die Stimme gehörte einem Mann, den im »Blauen Auge« niemand kannte. Man hatte den Fremden verständlicherweise übersehen, weil er einen ganz normalen schwarzen Umhang und ein schwarzes Kettenhemd trug, einen schwarzen Streitkolben und einen schwarzen Dolch hielt und gewöhnliche rot glühende Punkte anstelle von Augen hatte.

»Die das meinen, haben vielleicht recht«, stimmte Dicklippe zu und zwinkerte in Richtung seiner Kumpane, um die bevorstehende Pointe anzukündigen, »aber die das meinen, haben vielleicht auch nicht recht.«

Als das große Hallo über diese typische Gangrän-Schote verebbte, hatten nur wenige bemerkt, dass der Fremde verschwunden war und nur einen seltsamen Stallgeruch zurückgelassen hatte.

---

9 Grob natürlich nur für Nichttorflinge

»Aber«, beharrte der kleine Spam, »die Party wird was!«

Darin waren sich alle einig, denn nichts liebten Torflinge mehr als eine Gelegenheit, sich bis zum schmerzhaften Abwinken vollzustopfen.

Das Wetter im Frühherbst wurde kühl und brachte den jährlichen Wechsel des augenländischen Nachtischs von ganzen Wassermelonen zu ganzen Kürbissen. Die jüngeren Torflinge, die noch nicht zu fett waren, um ihr Übergewicht über die Verkehrsachsen der Stadt zu schleppen, entdeckten Anzeichen für eine besondere Sensation bei der bevorstehenden Feier: Feuerwerk!

Als der Tag der Party näher rückte, rollten von kräftigen Ackerziegen gezogene Karren durch Torfingens Tore, beladen mit Kisten und Kästen, die allesamt die X-Rune von Sandalf dem Zauberer und verschiedene elbische Logos trugen.

Man entlud und öffnete die Kisten vor Dildos Haustür, und ihr wunderbarer Inhalt ließ die winselnden Torflingjungen vor Staunen mit den Stummelschwänzen wedeln. Es gab Röhrenbündel, die auf drei Beinen montiert waren, vermutlich um übergroße Leuchtkerzen abzuschießen; zentnerschwere, geflügelte Raketen mit einem seltsamen kleinen Knopf an der Spitze; ein kurbelbetriebener Drehzylinder mit mehreren Läufen; und dicke »Kirschbomben«, die in den Augen der Kinder eher wie kleine grüne Ananas mit Ring oben dran aussahen.

Jede Kiste war mit einer olivfarbenen Elbenrune beschriftet, welche anzeigte, dass all die schönen Dinge in den elbischen Werkstätten der »Bundeswehr« entstanden waren.

Dildo sah mit breitem Grinsen beim Auspacken zu und verscheuchte die junge Brut durch gezielten Einsatz seines gut geschliffenen Zehennagels. »Haut ab, ihr Lumpen!«, rief er den Davonstiebenden fröhlich hinterher. Dann wandte er sich lachend um und ging in sein Torfloch zurück zu seinem Gast.

»Das Feuerwerk werden sie so schnell nicht vergessen«, sagte der alternde Torfling gackernd zu Sandalf dem Zauberer, der in einem unbequemen Sessel nach neuester elbischer Mode saß und Zigarre paffte. Ringsumher war der Boden mit unflätigen Scrabble-Kombinationen übersät.

»Deine Pläne für sie du ändern musst, fürchte ich«, sagte Sandalf und bereute sofort seine Satzstellung. Verlegen fummelte er an einer verfilzten Stelle in seinem langen, schmutziggrauen Bart. »Massenmord ist kein Mittel, um Nachbarschaftsstreitigkeiten beizulegen.«

Dildo musterte seinen alten Freund mit kundigem Blick. Der Magier trug einen fadenscheinigen Zaubererumhang, der längst aus der Mode war. An den zerlumpten Säumen hingen mehrere Pailletten und zerkratzte CDs. Auf dem Kopf trug er einen großen, ramponierten Spitzhut, der schlampig mit nachts leuchtenden, kabbalistischen Zeichen, alchemistischen Symbolen und grellen zwergischen Graffiti bedeckt war. In seinen knorrigen Fingern hielt er ein krummes Stück vergrautes Madenholz, das ihm abwechselnd als Zauberstab oder Rückenkratzer diente. Im Augenblick benutzte Sandalf es in letzterer Funktion und musterte dabei die abgenutzten Spitzen seiner Stiefel, die heutzutage als schwarze Air Jordan Hightops für 699 Euro über den Ladentisch gegangen wären.

»Siehst insgesamt ein bisschen abgelatscht aus, Dalfie«, kicherte Dildo. »Zauberbusiness läuft nicht so, was?«

Sandalf griente, als er seinen Spitznamen aus Schulzeiten vernahm, zupfte dann aber würdevoll seine Gewandung zurecht. »Was kann ich dafür, dass Ungläubige meine Kräfte verlachen?«, sagte er. »Sie werden einst noch ob meiner Künste erzittern!« Plötzlich stieß er mit dem Kratzer ins Leere, und das Zimmer versank in Dunkelheit. Inmitten der Schwärze sah Dildo, dass Sandalfs Gewand strahlend hell geworden waren. Auf der Vorderseite erschienen auf geheimnisvolle Weise elbische Lettern, die da lauteten: *Im Dunkeln ist gut munkeln.*

Ebenso plötzlich kehrte das Licht in den gemütlichen Bau zurück, und die Inschrift auf der Brust des Zauberers verblasste.

Dildo rollte die Augen und zuckte mit den Schultern.

»Mensch, Dalfie«, sagte Dildo. »Diese Art von Trick ist genauso out wie Kettenhemden mit Rollkragen. Kein Wunder, dass du dich mit Skatschummelei auf Schützenfesten durchschlägst.«

Sandalf ließ sich vom Spott seines Freundes nicht beirren. »Spotte nicht über Mächte, die deinen Verstand übersteigen, frecher Haarfuß«, sagte er und ließ fünf Asse in seiner Hand erscheinen, »siehe die Wirksamkeit meiner Magie!«

»Ich sehe nur, dass du das mit dem Gummiband im Ärmel endlich raushast«, kicherte der Torfling, während er seinem alten Gefährten einen Becher Bier einschenkte. »Und bevor du noch weiße Mäuse und Glitzerkonfetti auspackst, erzähl mir mal lieber, warum du mich mit deiner Anwesenheit beehrst. Und mit deinem Appetit.«

Der Zauberer hielt kurz inne, bevor er sprach. Dann sah er Dildo ernst und angestrengt an, denn in letzter Zeit neigte er ein wenig zum Schielen.

»Es ist an der Zeit, über den Ring zu sprechen«, sagte er.

»Ring, Ring? Welchen Ring?« antwortete Dildo.

»Du weißt nur zu gut, welchen Ring«, insistierte Sandalf. »Der Ring in deiner Tasche, werter Poplin.«

»Aaach, *der* Ring«, erwiderte Dildo betont unschuldig, »ich dachte, du meinst den Ring, den du nach deiner Sitzung mit dem Quietscheentchen in meiner Badewanne hinterlassen hast.«

»Dies ist nicht die Zeit für Scherze«, mahnte Sandalf, »denn das Böse ist im Lande, und Gefahr ist im Verzug.«

»Aber …«, begann Dildo.

»Unheil regt sich im Osten.«

»Aber …«

»Dräuendes droht, und Drohendes dräut.«

»Aber …«

»In der Ruhe liegt die Kraft.«

»Aber …«

»Aus der Mitte entspringt ein Fluss.«

Dildo presste schnell seine Pfote auf das Mundwerk des Zauberers.

»Du meinst … du meinst«, flüsterte er, »wir geraten in *Nazgulitäten?*«

»Mmummffleflug!«, bestätigte der geknebelte Magier.

Dildos schlimmste Befürchtungen hatten sich bewahrheitet. Nach der Party, ahnte er, musste einiges entschieden werden.

Zwar waren nur zweihundert Einladungen verschickt worden, aber Froyo Poplin war keineswegs verwundert, dass er ein Mehrfaches dieser Zahl unter dem großen Pavillon auf den Poplin'schen Wiesen an riesigen, trogförmigen Tischen sitzen sah. Mit von Trübsinn geweiteten jungen Augen lief er umher und beobachtete, wie gefräßige Mäuler reihenweise ins Brat- und Schmorfleisch hieben, ohne nach links und rechts zu blicken. In der grunzenden, rülpsenden Menge, die die Fresstische säumte, erblickte er nur wenige vertraute Gesichter, aber die meisten waren bereits vollständig unter einer Schicht aus Sud und Soße verschwunden. Erst jetzt begriff der junge Torfling den wahren Gehalt von Dildos Lieblingsspruch: »Wer würgen will, muss stopfen.«

Dennoch war es eine prachtvolle Party, befand Froyo, als er einer fliegenden Haxe auswich. Man hatte große Gruben ausgehoben, um darin die Massen versengten Fleisches vorzuhalten, die sich die Gäste nun in ihre muskelbepackten Rachen schmissen. Onkel Dildo hatte zudem eine Reihe von Rohrleitungen ausgetüftelt, damit gallonenweise Starkbier allein durch Schwerkraft in die bodenlosen Bäuche rinnen konnte. Missgelaunt betrachtete Froyo seine Mittorflinge, wie sie sich die Mäuler mit Toffelgrün vollstopften und zähere Fleischhappen in Jackentaschen und Geldbörsen steckten, »für später«. Mitunter fiel ein allzu gieriger Gast bewusstlos zu Boden, sehr zur Belustigung der Tischnachbarn, die ihn sogleich mit Unrat bewarfen. Natürlich nur mit dem Unrat, den sie nicht »für später« verstauten.

Überall um Froyo herum waren knirschende Torfling-Zähne, klaffende Torfling-Kehlen und gurrende, pulsierende Torfling-Bäuche zu sehen und zu hören. Der Lärm des Nagens und Kauens übertönte fast die Nationalhymne des Augenlandes, die das angeheuerte Orchester nun mehr oder weniger aufführte:

Das Torflingvolk ist wohlgelungen
Hat manche Speise schon verschlungen
In Bruderliebe, Freundesbande
Frisst eins nur in der Not das andre.

Wir fürchten nichts außer dem Durst,
Die Leber wird bei uns zu Wurst.
Der Darm wird voll, der Magen voller,
Der Appetit wird immer doller.

Singt: Happa happa happa happ,
Happa happa happa happ.

Augenland, du übervolles,
Übervolles in der Welt
Mit Vergnügen wird gegessen,
Was hier auf den Tisch man stellt.

Spießt ihn auf, den letzten Happen,
Leert ihn aus, den letzten Schluck.
Lasst den Löffel sinken, und dann
Sagt: Wir ham noch nicht genug.

Singt: Happa happa happa happ,
Happa happa happa happ.

Froyo schlenderte an den Tischreihen vorbei und hoffte, die gedrungene, vertraute Gestalt von Spam zu entdecken. »Happa happa happa …«, murmelte er vor sich hin, aber die Liedzeilen kamen ihm seltsam vor. Warum fühlte er sich inmitten des Frohsinns so allein, warum hatte er sich immer für einen Fremdling im eigenen Dorf gehalten? Froyo starrte auf die Formationen aus mahlenden Backenzähnen und fußlangen, gespaltenen Zungen, die aus hundert Mündern baumelten, in der Nachmittagssonne rosa glänzend.

Im gleichen Augenblick entstand Bewegung am Kopfende der Tafel, wo Froyo eigentlich als Ehrengast sitzen sollte. Onkel Dildo stieg auf seine Bank und bat mit Gesten um Stille, damit er seine Tischrede halten konnte. Nach einigen Schmährufen und lautstarken Kopfnüssen richtete sich jedes pelzige Spitzohr und jedes Glasauge gespannt auf Dildo.

»Liebe Mittorflinge«, sagte er, »liebe Pups und Peristalts, Fassdarms und Hängebauchs, Nadelkopfs, Leberlapps und Nasenfingers.«

»Nasenfingerer!«, verbesserte ihn ein aufgebrachter Betrunkener, dessen Daumen dem Familiennamen getreu bis zum vierten Glied im Nasenloch ruhte.

»Ich hoffe, ihr habt euch alle bis haarscharf vorm Erbrechen vollgestopft.«

Diese traditionelle Begrüßung wurde mit dem üblichen Furzen und Rülpsen erwidert, was als Lob für die Speisen zu verstehen war.

»Wie ihr alle wisst, habe ich die meiste Zeit meines Lebens in Torfingen gelebt. Ich habe mir eine Meinung über euch alle gebildet, und bevor ich euch alle endgültig verlasse, möchte ich euch mitteilen, was ihr mir bedeutet.«

Alle johlten zustimmend und fanden, dass es für Dildo jetzt an der Zeit sei, die erwarteten Geschenke an die Gäste zu verteilen. Aber was folgte, überraschte sogar Froyo, der seinen Onkel mit Schrecken und Bewunderung ansah:

Dildo hatte die Hose runtergelassen.

Der daraufhin ausbrechende Tumult sei am besten der Fantasie der Leserschaft überlassen, auch wenn sie noch so gering ist. Aber Dildo zerstreute die Wut der Festgemeinde, indem er durch ein zuvor verabredetes Handzeichen das Abbrennen des Feuerwerks einleitete. Plötzlich brachen ohrenbetäubendes Getöse und blendendes Licht über die erzürnten Torflinge herein. Brüllend vor Angst warfen sie sich auf den Boden, während um sie herum ein verheerendes Trommelfeuer donnerte und tobte. Als der Lärm verstummte, blickten die tapfersten Mitglieder des Lynchmobs durch den heißen Windhauch zu dem kleinen Hügel empor, auf dem Dildos Tisch gestanden hatte. Der Tisch war nicht mehr da. Dildo auch nicht.

»Ihr hättet ihre Gesichter sehen sollen«, prustete Dildo Sandalf und Froyo an. Im sicheren Versteck seines Wohnlochs schüttelte sich der alte Torfling vor Schadenfreude. »Wie die Hasen sind sie gelaufen!«

»Hasen oder Nasen, ich habe dir doch gesagt, du sollst vorsichtig sein«, warf Sandalf ein. »Womöglich hast du jemanden ernstlich verletzt.«

»Nein, nein«, sagte Dildo, »die Schrapnelle sind alle in die andere Richtung geflogen. Und so hab ich's denen noch mal richtig gezeigt, bevor ich dieses Kaff für immer verlasse.« Dildo stand auf und prüfte ein letztes Mal seine gepackten Truhen, die alle die Adresse »Lauerbach« trugen. »Die gemütlichen Zeiten sind vorbei, und das sollen diese Fettärsche ruhig merken.«

»Warum vorbei?«, fragte Froyo.

»In der Tat«, sagte Sandalf. »Denn das Böse ist im Lan…«

»Nicht jetzt«, unterbrach ihn Dildo ungeduldig. »Sag Froyo einfach, was du mir gesagt hast.«

»Was dein unhöflicher Onkel meint«, begann der Zauberer, »ist, dass ich mancherlei Zeichen gesehen habe, im Augenland und anderswo, die Unheil bedeuten.«

»Zeichen?«, fragte Froyo.

»Wahrlich und wahrhaftig«, erwiderte Sandalf dräuend und stellte sich extra näher zur Kamera, um größer zu wirken als die beiden. »Seltsame und fürchterliche Wunderdinge habe ich im Jahreslauf gesehen. Felder, mit Gerste bestellt, bringen Bluthirse und Pilze hervor, und selbst den Kleingärtnern bleiben die Artischockenherzen stehen. Im Dezember hat es einen heißen Tag und einen Supermond gegeben. Alle Feier- und Brückentage fallen im Kalender auf denselben Sonntag, und ein Holsteiner Preisbulle hat zwei lebende Bankkaufleute geboren. Die Erde tat sich auf, und in den Eingeweiden einer Ziege fanden sich Achterknoten. Das Antlitz der Sonne ward schwarz, und vom Himmel fielen Kartoffelchips, die gar nicht mehr knusprig waren.«

»Aber was hat all dies zu bedeuten?«, keuchte Froyo.

»Keine Ahnung«, sagte Sandalf achselzuckend, »aber es klingt irgendwie cool, finde ich. Das war auch noch nicht alles. Meine Kundschafter berichten von schwarzen Truppen, die sich im Osten sammeln, in den leblosen Landen von Morrrdistan. Die Horden der fiesen Orks und Trolle haben sich multipliziert und rotäugige Geister pirschen umher, bis an die Grenzen des Augenlandes. Bald wird es viel Schrecken im Lande geben, und zwar durch die schwarze Hand Saurums.«

»Saurum?«, rief Froyo. »Aber Saurum ist doch Geschichte.«

»Du darfst nicht alles glauben, was die öffentlich-rechtlichen Herolde verkünden«, sagte Dildo ernst. »Man hatte geglaubt, Saurum sei in der Schlacht auf der Alten Schlachtplatte für immer und ewig vernichtet worden, aber offenbar war dies nur Wunschdenken. In Wirklichkeit sind er und seine Neun Nasdâqs der Metzelei geschickt entgangen, indem sie sich als Anna und Elsa verkleideten. Nach ihrem Marsch durch die Marsch und die Fümpf Sümpfe gelangten sie in den Speckgürtel von Morrrdistan, wo die Grundstückspreise abstürzten wie ein Falke mit Wadenkrampf. Von Morrrdistan aus haben sie fortan ihre Macht wieder vermehrt.«

»Saurums Dunkler Karbunkel des Unheils schwillt an und wird bald aufbrechen und die Landen von Intererde mit seinen eklen Säften bedecken«, unkte Sandalf. »Wenn wir das überdauern wollen, muss der Pickel ordentlich aufgestochen werden, bevor Saurum mit seinem eigenen abscheulichen Herumgedrücke beginnt.«

»Aber wie kann das geschehen?«, fragte Froyo.

»Wir müssen ihm dasjenige vorenthalten, das seinen Sieg bedeuten kann«, sagte Sandalf. »Wir müssen ihm den Großen Ring vorenthalten!«

»Um was für einen Ring geht es denn?«, fragte Froyo und suchte mit den Augen nach möglichen Ausgängen aus Dildos Loch.

»Suche nicht weiter mit den Augen nach möglichen Ausgängen, und ich werde es dir sagen«, tadelte der Zauberer den erschrockenen Torfling. »In uralten Zeiten, als die Torflinge noch mit den Eichhörnchen um Haselnüsse rangen, wurden Ringe der Macht von Elbenhand geschmiedet. Diese fabelhaften Ringe waren nach einer geheimen Formel hergestellt, die heute nur noch den Zahnpastafirmen bekannt ist, und verliehen ihren Trägern gewaltige Kräfte und kräftige Gewalten. Es waren ihrer insgesamt zwanzig: sechs zur Beherrschung des Landes, fünf zur Herrschaft über die Meere, drei zur Kontrolle des Luftraums und zwei gegen Mundgeruch. Mithilfe dieser Ringe lebten die Völker des Altertums, Sterbliche wie auch Elben, in Pracht und Frieden.«

»Aber das ergibt nur sechzehn«, bemerkte Froyo. »Was war mit den anderen vier?«

»Wegen Herstellungsmängeln reklamiert«, lachte Dildo. »Bei Regen gab es oft Kurzschlüsse, und dann kokelte der Finger weg.«

»Aber nicht bei dem Großen Ring«, deklamierte Sandalf, »denn der Große Ring übertrumpft alle anderen und wird daher von Saurum am dringendsten begehrt. Seine Kräfte und Reize sind legendenumwoben, und dem Ringträger sollen mannigfaltige Mächte zuteilwerden. Es heißt, der Träger könne kraft des Ringes Unmögliches vollbringen, könne allen Lebewesen seinen Willen aufzwingen, unbesiegbare Heere besiegen, sich mit Flora und Fauna verständigen, mit bloßen Händen Stahl verbiegen, mit einem Satz über hohe Brüstungen springen, versöhnen statt spalten …«

»… und sich zur Maikönigin wählen lassen«, schloss Dildo. »Alles, was man möchte!«

»Diesen Großen Ring begehren sicherlich alle«, sagte Froyo.

»Und sie begehren einen Fluch!«, rief Sandalf aus und schwenkte leidenschaftlich seinen Zauberstab. »Denn so gewiss der Ring Macht verleiht, so gewiss bemächtigt er sich seines Besitzers! Der Ringträger verändert sich allmählich – und nie zum Guten. Er wird misstrauisch und um die eigene Macht besorgt, während sein Herz verhärtet. Er liebt seine Stärken zu sehr und verschweigt seine Schwächen in Bewerbungsunterlagen. Er wird nörgelig und nervös, neigt zu Neuritis, Neuralgie und Neureichtum. Und zu Alliterationen. Bald lädt ihn niemand mehr zu Partys ein.«

»Ein fürchterliches Schmuckstück, dieser Große Ring«, sagte Froyo.

»Und eine fürchterliche Bürde für den, der ihn trägt«, ergänzte Sandalf. »Denn irgendein Pechvogel muss ihn Saurums Zugriff entziehen und der sicheren Vernichtung zuführen. Irgendeiner muss den Ring zu den Verderbnisklüften von Morrrdistan bringen, vor der Nase des erzbösen Saurum, muss aber für diese Aufgabe so ungeeignet erscheinen, dass er nicht so schnell entdeckt wird.«

Froyo erzitterte vor Mitleid mit einem derart Unglücklichen. »Dann muss der Ringträger ja ein absoluter Dummkopf sein«, lachte er nervös.

Sandalf warf Dildo einen Blick zu. Dildo nickte und schnippte einen kleinen, blinkenden Gegenstand in Froyos Schoß. Es war ein Ring.

»Herzlichen Glückwunsch«, sagte Dildo würdevoll, »zur Arschkarte.«

II

DREI SIND EINER ZU WENIG

An deiner Stelle«, sagte Sandalf, »würde ich die Reise bald antreten.« Froyo sah geistesabwesend von seinem Steckrübentee auf.

»Du kannst gern an meiner Stelle sein, sogar gratis, Sandalf. Soweit ich weiß, hab ich mich für diese Ringscheiße nicht freiwillig gemeldet.«

»Dies ist nicht die Zeit für Albernheiten«, sagte der Zauberer und zog ein Kaninchen aus seinem ramponierten Hut. »Dildo ist vor Tagen abgereist und erwartet dich in Lauerbach, ebenso wie ich. Dort wird das Schicksal des Ringes von allen ethnischen Minderheiten Intererdes entschieden werden.«

Froyo tat, als sei er in seine Tasse vertieft, während Spam aus dem Esszimmer hereinkam und anfing, das Wohnloch aufzuräumen und Dildos letzte Habseligkeiten wegzupacken.

»Tach, Herr Froyo«, rief er und strich sich durchs fettige Haar. »Bin den Kram von deinem Onkel am Wegräumen, wo ja geheimnisvollerweise spurlos verschwunden ist. Komische Sache, was?« Als der treue Diener merkte, dass er keine Erklärung bekommen würde, schlurfte er in Dildos Schlafzimmer. Sandalf fing hastig sein Kaninchen ein, das gerade auf den Teppich pisste, und sprach weiter.

»Bist du sicher, dass man ihm trauen kann?«

Froyo lächelte. »Natürlich. Spam und ich sind eng befreundet. Wir haben uns schon im Kindergarten in der Raucherecke kennengelernt. Weiß auch nicht, warum er mich ›Herr‹ nennt.«

»Und vom Ring ahnt er nichts?«

»Nichts«, sagte Froyo. »Da bin ich mir sicher.«

Sandalf blickte zweifelnd auf die geschlossene Schlafzimmertür. »Du hast ihn doch noch, oder?«

Froyo nickte und fischte die Kette aus Büroklammern heraus, mit welcher der Ring an seinem zerschlissenen Polohemd befestigt war.

»Dann sei auf der Hut damit«, sagte Sandalf, »denn er birgt viele seltsame Kräfte.«

»Kann man darauf Pornos gucken?«, fragte der junge Torfling und drehte und wendete den kleinen Reif zwischen seinen kurzen Fingern. Furchtsam starrte er ihn an, so wie er es in den letzten Tagen oft getan hatte. Der Ring war aus blankem Metall und mit seltsamen Inschriften und bunten LEDs übersät. Rund um die Innenseite stand etwas in einer Sprache geschrieben, die Froyo nicht kannte.

»Ich kann die Inschrift nicht lesen«, sagte Froyo.

»Nein, das kannst du nicht«, bestätigte Sandalf. »Das ist elbische Schrift, in der Sprache Morrrdistans. Grob übersetzt steht da:

Von Händen der Elben entstand dieser Ring.
In Wänden derselben das Unheil anfing.
Drin schlummert mehr Macht, als Jedi je hatten,
Drin wummert und kracht ein finsterer Schatten.
Was damit gemeint ist, rafft kein Philosoph.
Dabei ist's ganz einfach: Wer das liest, ist doof!
Rücksendung erfolget gemäß Garantie
An Saurum in Morrrdistan (exkl. Batterie).

»Dichtkunst ist das nicht«, meinte Froyo und steckte hastig den Ring zurück in die Hemdtasche.

»Aber dennoch eine ernste Warnung«, sagte Sandalf beleidigt. »Schon jetzt schnüffeln Saurums Schergen überall nach diesem Ring, und schon bald werden sie ihn hier erschnuppern. Höchste Zeit, nach Lauerbach aufzubrechen.« Der alte Magier stand auf, ging zur Schlafzimmertür und öffnete sie mit einem Ruck. Mit dem Spitzohr voran kippte Spam laut krachend ins Zimmer, die Taschen vollgestopft mit Dildos feinstem Tafelmithril.

»Und hier kommt dein treuer Gefährte.« Während Sandalf das Schlafzimmer betrat, versuchte Spam vergeblich, die Löffel in seinen Taschen zu verbergen, und grinste dabei mit jener schlappohrigen Dämlichheit, die Froyo an ihm schätzte.

Froyo rief ängstlich dem Zauberer hinterher: »Aber … aber … aber ich muss noch Vorkehrungen treffen! Koffer packen …«

»Kein Ding«, sagte Sandalf und hielt ihm zwei Koffer hin. »Vorsichtshalber habe ich für dich gepackt.«

Klar wie ein Elbenstein und mit Funkelsternen übersät war die Nacht, als Froyo seine Reisegruppe auf der Weide vor der Stadt versammelte. Außer Spam waren noch die Zwillingsbrüder Mucki und Pipi Brandytuk mit am Start, beide ebenso nervig wie entbehrlich. Sie tollten gerade glücklich über die Wiese. Froyo rief sie zur Ruhe und fragte sich, warum Sandalf ihm die beiden dummen Schwanzwedler aufgehalst hatte, denen niemand im Dorf auch nur ein abgebranntes Streichholz anvertraut hätte.

»Es geht lo-hos, es geht lo-hos«, grölte Mucki.

»Aber hallo«, fügte Pipi hinzu, ging einen Schritt, knallte sofort auf den flachen Schädel und schlug sich die Nase blutig.

»Episch!«, lachte Mucki.

»*Selber* episch«, nölte Pipi.

Froyo rollte die Augen gen Himmel. Das würde was werden. Er nutzte die kurze Aufmerksamkeitsspanne seiner Gefährten und inspizierte sie und ihre Ausrüstung. Wie er befürchtet hatte, hatten sie seine Anweisungen ignoriert und allesamt Toffelsalat mitgebracht. Außer Spam, dessen Rucksack mit Schmuddelromanen und Dildos Esslöffeln gefüllt war.

Endlich brachen sie die erste und längste Etappe der Reise nach Lauerbach an und bogen, Sandalfs Wegbeschreibung folgend, auf den gelb gepflasterten Interirdischen Expresspfad Richtung Bie. Der Zauberer hatte ihnen geraten, im Schutze der Nacht am Wegesrand entlangzureisen und die Augen offen, die Ohren gespitzt und die Nasen geputzt zu halten. Letzteres war unter den gegebenen Umständen für Pipi schon mal schwierig.

Eine Weile gingen sie schweigend nebeneinander, allesamt vertieft in das, was bei Torflingen so als Gedanken durchgeht. Besonders besorgt war Froyo, denn er dachte über die lange Reise nach, die vor ihm lag. Obschon seine Gefährten fröhlich dahinschlenderten und sich gegenseitig Tritte verpassten und Beine stellten, war sein Herz schwer vor Angst. Glücklichere Zeiten kamen ihm in den Sinn, und bald summte und sang er ein uraltes Zwergenlied, das er auf dem Schoße seines Onkels Dildo gelernt hatte, ein Lied, dessen Schöpfer schon vor Anbeginn von Intererde gelebt hatte. Es ging so:

Ya-ya-ya coco jamboo, ya-ya yeah,
Ya-ya-ya coco jamboo, ya-ya yeah.

»Geil, geil!«, japste Mucki.

»Ja, sehr geil! Vor allem der Teil mit dem Yeah«, fügte Pipi an.

»Wie heißt das denn?«, fragte Spam, der nur wenige Lieder kannte, die nicht versaut waren.

»Ich nenne es ›Coco Jamboo‹«, sagte Froyo. Aber es erfreute ihn nicht.

Bald fing es an zu regnen und alle erkälteten sich.

Als im Osten die Farbe des Himmels von Schwarz zu Perlgrau wechselte, unterbrachen die vier Torflinge müde und brutal niesend ihren Marsch und fanden eine Lagerstatt unter einigen Birkenweiden, nur wenige Schritte vom ungeschützten Expresspfad entfernt. Die müden Reisenden streckten sich auf dem trockenen Boden aus und nahmen einen Imbiss aus Froyos Vorrat ein, der aus Zwergenlaib, Torflingbräu und panierten Kalbskoteletts bestand. Dann schliefen sie schnell ein, unter der Last ihrer Bäuche leise stöhnend, und jeder träumte seine eigenen Torfling-Träume, die größtenteils von Kalbskoteletts handelten.

Froyo schreckte aus dem Schlaf auf. Es dämmerte bereits, und ein ungutes Gefühl im Magen ließ ihn voller Angst zwischen den Ästen hinaus auf den Pfad spähen. Durch die Blätter sah er in der Ferne eine dunkle, schemenhafte Masse. Sie rückte langsam und vorsichtig den ansteigenden Pfad empor und entpuppte sich als ein großer, schwarzer Ritter auf einem unheimlich fetten Reitvieh. Froyo hielt den Atem an. Im Licht der untergehenden Sonne suchte die ominöse Gestalt mit roten Augen das Land ab. Kurz dachte Froyo, die Glutaugen hätten ihn erblickt, aber sie blinzelten kurzsichtig und wanderten weiter. Das schwerfällige Reittier, das in Froyos verblüfften Augen wie ein haushohes, stark überfüttertes Schwein wirkte, schnüffelte und schnupperte in der nassen Erde nach der Fährte der Torflinge. Da erwachten auch die anderen und erstarrten sofort vor Schreck. Sie sahen zu, wie der böse Fahnder seinem Tier die Sporen gab, einen großen, säuerlichen Furz ausstieß und weiterritt. Er hatte sie nicht gesehen.

Die Torflinge warteten ab, bis das Grunzen der Bestie in der Ferne verhallte, ehe jemand sprach. Froyo wandte sich an seine Gefährten, die sich tief in den Proviantsäcken versteckt hatten, und flüsterte: »Kommt raus. Es ist weg.«

Misstrauisch tauchte Spam auf. »Auweia, ich hätte mich vor Schreck fast eingekackt«, kicherte er. »Wie krank ist das denn!«

»Wie krank ist das denn!«, tönte es aus den anderen Säcken.

»Und noch kränker ist, dass jedes Mal ein Echo kommt, wenn ich's Maul aufmache!« Spam trat gegen die Säcke, die aufjaulten, aber ihren Inhalt keineswegs ausspuckten.

»Der ist aber ätzend«, sagte der eine.

»Ätzend und gemein«, sagte der andere.

»Ich frage mich«, sagte Froyo, »wer oder was dieses furchterregende Wesen war.«

Spam senkte den Blick und kratzte sich schuldbewusst am Kinn. »Schätze, das war einer von denen, wo der Dicklippe mir gesagt hat, ich sollte dich vor warnen, Herr Froyo.«

Froyo sah ihn fragend an.

»Also«, sagte Spam, zupfte sich an der Stirnlocke und leckte unterwürfig Froyos Zehen. »Jetzt fällt mir wieder ein, was der olle Lippe mir gesagt hat, kurz bevor wir los sind: ›Vergiss nicht‹, hat er gesagt, ›dem Herrn Froyo zu sagen, dass so'n stinkender Fremder mit roten Augen nach ihm gefragt hat.‹ Ich so: ›Ein Fremder?‹ Und er so: ›Ja, aber ich hab nix gesagt, und da zischt mich der Hurensohn auf einmal an und zwirbelt seinen schwarzen Schnurrbart. ›Verflucht‹, sagt der Fiesling, ›wieder vergebens!‹ Und dann fuchtelt er mit der Keule und springt auf sein Reitschwein und ruft so was wie ›Hü, Specki!‹ und galoppiert vom ›Blauen Auge‹ weg. Irgendwie verdächtig.‹ Hätt ich dir wahrscheinlich eher sagen sollen, Herr Froyo.«

»Egal«, sagte Froyo, »jetzt ist keine Zeit, um sich zu ärgern. Mich würde es nicht wundern, wenn dein Fremder da und diese widerliche Spürnase hier irgendwie zusammenhingen.« Froyo schlug die Stirn in Falten und bedauerte, dass er kein Bügeleisen eingepackt hatte. »Jedenfalls«, sagte er, »ist der Expresspfad nach Bie ab jetzt nicht mehr sicher. Wir müssen die Abkürzung durch den Ollen Wald nehmen.«

»Den Ollen Wald?!«, riefen die Futtersäcke im Chor.

»Aber Herr Froyo«, sagte Spam, »ich hab gehört, dass es dort … spukt!«

»Das mag stimmen«, fuhr Froyo leise fort, »aber wenn wir hierbleiben, sind wir garantiert Schweinefutter.«

Froyo und Spam trieben die Zwillinge hastig mit herzhaften Tritten aus den Säcken. Dann sammelte man noch die herumliegenden Kotelettreste auf und aß sie mit Asseln verfeinert auf. Als alles fertig war, machte sich die Reisegesellschaft auf den Weg, wobei die Zwillinge schrille Piepslaute von sich gaben, um im Dunkeln für wandernde Kakerlaken gehalten zu werden. Westwärts trotteten sie und ließen keine Gelegenheit aus, um auf die Schnauze zu fallen und sich hastig wieder aufzurappeln, denn noch vor dem nächsten Sonnenaufgang wollten sie die Sicherheit des Waldes erreichen. Froyo hatte ausgerechnet, dass sie in zwei Tagen bereits ebenso viele Meilen zurückgelegt hatten, nicht schlecht für Torflinge, aber immer noch nicht schnell genug. Sie mussten den Wald ohne Rast durchqueren, um am nächsten Tag in Bie zu sein.

Sie marschierten schweigend, abgesehen vom nörgelnden Pipi. *Der Depp hat sich wieder die Nase aufgeschlagen,* dachte Froyo, *und Mucki wird langsam sauer.* Aber als die lange Nacht verging und der Osten heller wurde, wich das Flachland Hängen, Hügeln und Höckern aus schwammiger, weicher Erde in der Farbe von Kalbshirn. Während die Gesellschaft weiterstolperte, wandelte sich der Bewuchs von Setzlingen über Sprösslinge in Schösslinge und dann in riesige, genervt wirkende Bäume, die von Wind, Wetter und Arthritis zerfetzt und zerfressen waren. Bald umschlang sie das Abendlicht, und die frische Nacht bedeckte sie wie ein klammes Duschhandtuch.

Vor vielen Jahren war dies ein heiterer, angenehmer Forst aus gepflegtem Birken-, Fichten- und Kieferlaminat gewesen, ein Ort, an dem Dachshirsche und Hasenfüchse ihre Tollwut auslebten. Aber jetzt waren die Bäume alt, mit Niesmoos und Fußschimmel verklebt, und der Neue Wald war zum Ollen geworden.

»Morgen früh müssten wir in Bie sein«, sagte Froyo, als sie ein Portiönchen Toffelsalat zu sich nahmen. Aber ein bösartiges Schnurren im Geäst über ihnen verleidete ihnen jeden längeren Aufenthalt. Eilig zogen sie weiter, wobei sie den Kötteln auswichen, die unsichtbare, aber verärgerte Waldbewohner immer wieder aus den Baumkronen fallen ließen.

Nach stundenlangem Getapse fielen die Torflinge erschöpft zu Boden.

Das Gelände schien Froyo fremd, und er hatte seinen Orientierungssinn längst verloren.

»Wir müssten inzwischen aus dem Wald raus sein«, sagte er müde. »Ich glaube, wir haben uns verirrt.«

Spam blickte niedergeschlagen auf seine messerscharfen Zehennägel, wurde dann aber fröhlich. »Kann schon sein, Herr Froyo«, sagte er. »Aber mach dir deswegen keinen Kopp. Hier sind Leute gewesen, erst vor'n paar Stunden, so wie's hier aussieht. Und die haben Toffelsalat gefuttert so wie wir!«

Froyo untersuchte sorgfältig die verräterischen Hinweise. Es stimmte, jemand war erst vor ein paar Stunden hier gewesen und hatte Torflingkost verspeist. »Vielleicht finden wir den Weg hier raus, wenn wir ihrer Spur folgen.« Und so müde sie auch waren, sie marschierten weiter.

Immer weiter und weiter liefen sie und riefen vergeblich nach den Leuten, deren kürzliche Anwesenheit durch allerlei Spuren bezeugt war: hier ein Stück paniertes Kalbsschnitzel, da ein Torfling-Porno, dort einer von Dildos Esslöffeln. (*Was für ein Zufall*, dachte Froyo.) Aber keine Torflinge. Sie trafen ein großes Kaninchen mit einer billigen Taschenuhr, dem ein nerviges Mädchen hinterherlief, erspähten die Hexe von Blair und mehrere Ewoks und kamen an einem verfallenen Lebkuchenhaus vorbei, an dessen Marzipantür ein »*Zu verkaufen*«-Schild klebte. Einen Ausweg fanden sie nicht.

Ganz schlapp vor Müdigkeit verstummten die vier schließlich. Es war bereits später Nachmittag im düsteren Wald, und ohne ein Nickerchen konnten sie keinen Schritt mehr weiter. Wie von einem Schlaftrunk eingelullt rollten sich die haarigen kleinen Landstreicher zu pelzigen Kugeln zusammen und schlummerten einer nach dem anderen unter den Schutz spendenden Zweigen eines riesigen, zitternden Baumes ein.

Spam merkte zuerst gar nicht, dass er wach war. Er hatte gespürt, wie etwas Weiches, Gummiartiges an seiner Kleidung zupfte, hatte das aber für einen feuchten Traum von jenen Drachensauereien gehalten, die er vor Kurzem im Augenland genossen hatte. Aber jetzt war er sich sicher, ein deutliches Saugen und ein Reißen von Stoff gehört zu haben. Er schlug die Augen auf und sah, dass er splitternackt war, an allen Gliedern von den fleischigen Wurzeln des Baumes umschlungen. Er schrie aus gewohnt vollem Halse und weckte damit seine Gefährten, die ebenfalls von der eindeutig gurrenden Schlingpflanze gefesselt und ausgezogen worden waren. Der seltsame Baum schnurrte vor sich hin und griff immer fester zu. Mit Abscheu sahen die Torflinge, wie das summende Gemüse seine orangefarbenen Lippenblüten zu ihnen herabbeugte. Die bauchigen Schoten kamen näher und näher und saugten sich mit ekligen Schmatz- und Knutschgeräuschen an ihren hilflosen Körpern fest. Gefangen in dieser veganen Umarmung, würden die Torflinge bald zu Tode geknutscht werden. Alle vier sammelten ihre letzte Kraft zusammen und riefen um Hilfe.

»Hilfe, Hilfe!«, riefen sie.

Aber niemand antwortete. Die fetten, orangenen Blüten schmiegten sich vor Verlangen zitternd und stöhnend an die hilflosen Torfling-Körper. Eine aufgedunsene Blüte klebte an Spams Bauch und begann entschlossen zu zuzeln. Er spürte, wie seine Fettschürze ins Innere der Blume gesogen wurde. Dann lösten sich zu Spams Entsetzen die Blütenblätter mit einem lauten Plopp und hinterließen eine dunkelrote, fiese Strieme an der Stelle, wo das schreckliche Blütenmaul gewesen war. Außerstande, sich selbst oder seine Gefährten zu retten, sah Spam, wie sich die keuchenden Kelchblätter zum ultimativen Todeskuss schürzten.

Aber gerade als die längliche, rote Todestulpe an ihr unsägliches Werk ging, meinte Spam, eine Art Sprechgesang zu hören, der nicht weit entfernt war und lauter wurde! Es war eine vernuschelte, schläfrige Stimme, und sie rappte Worte, die in Spams Ohren keine Worte waren:

Benzedrin, so heiß ich,
Mein Name, der ist spacig.
Glaub mir, ich bescheiß dich
Niemals, denn du weißt, ich
Mache dir das Hirn weich.
Hör nicht auf den Hinweis
Von dem, der dir die Stirn zeigt.
Mein Dope, das ist bestimmt nice.

Obwohl alle vor Angst bereits wahnsinnig waren, lauschten sie gespannt dem anschwellenden Gesang, der offenbar von einem Wesen mit Mumps im Endstadium stammte:

Hasch und Koks und Pilzen,
Bringen's Hirn zum Schmilzen
Die Haare zum Verfilzen
Es sei denn, du willst 'nen
Trip, dann schmeiß dir einen.
Kauf dir möglichst reinen
Stoff, sonst musst du weinen.
Hier, Digga, nimm was von meinem.
Yo, was geht ab, yo?
Tim Benzedrin IN DA HAUS!

Durchs dichte Laubwerk brach plötzlich eine bunte Gestalt, eingehüllt in eine Haarpracht, die die Konsistenz von zerkautem Karamell hatte. Es war eine Art Mann, aber nicht viel davon: Bei ungefähr zwei Meter Länge wog er sicherlich nicht mehr als 35 Pfund, inklusive Schmutz. Die langen Arme baumelten bis fast auf den Boden, und beängstigende Farben bedeckten in grellen Mustern seinen Leib, von schizoidem Rot bis hin zu psychotischem Blau. An seinem dürren Hals hingen Dutzende von Perlenketten um ein Amulett herum, das die Elbenrune ☯ trug. Zwischen öligen Haarsträhnen quollen zwei riesige Augäpfel hervor, die so blutunterlaufen waren, dass sie wie zwei Billardkugeln aus sehr magerem Speck aussahen.

»Ooooooooooh, wow!«, sagte der Schrat und checkte die Lage. Halb hüpfend, halb purzelnd begab er sich zum Fuß des mörderischen Baumes, hockte sich auf die fleischlosen Haxen und betrachtete die Pflanze mit seinen untertassengroßen Pupillen. Dann hob die hutzelige Erscheinung ihre spinnenartige Hand zu einem zweifingrigen Peace-Zeichen und sang eine Beschwörungsformel, die für Froyo wie Keuchhusten klang:

Uncooler Busch! Lass diese User
In Frieden, du perverser Schmuser.
Nimm deine Borke weg, ich will's,
Dass du sie gehen lässt und chillst.

Die turmhohe Pflanze erbebte, und ihre Ranken fielen von den Gefangenen ab wie kalte Nudeln. Mit freudigem Gejaul zappelten sich die Torflinge frei. Fasziniert sahen sie, wie die große grüne Gefahr wie ein Baby wimmerte und zornig an den eigenen Blütenstempeln lutschte. Die Torflinge sammelten ihre Kleider auf, und Froyo seufzte erleichtert, als er den Ring immer noch an seiner Tasche festgestickt vorfand.

»Oh, danke«, kreischten sie alle schwanzwedelnd, »danke, danke!« Aber ihr Retter sagte nichts. Als ob er ihre Anwesenheit gar nicht wahrnähme, wurde er ebenso steif wie der Knutschbaum und keuchte: »Gah, gah, gah.« Seine Pupillen öffneten und schlossen sich wie ein Regenschirm mit ADHS. Die Knie wurden ihm weich, dann hart, dann wieder weich, er fiel mit wild umherwirbelnden Haaren auf den moosigen Boden. Mit Schaum vor dem Mund schrie er: »Oh Gott, nehmt sie weg! Sie sind überall und grün! Argh! Orgh! Ohgottohgottohgottohgottohgottohgott!« Panisch schlug er sich mit den Händen auf Haut und Haar.

Froyo blinzelte erstaunt und griff nach seinem Ring, streifte ihn aber nicht über. Spam beugte sich über den am Boden liegenden Freak und reichte ihm lächelnd die Hand.

»Schuldigung«, sagte er, »wo geht's hier nach …«

»Oh nein, nein, nein! Seht sie euch an! Überall! Haltet sie von mir fern!«

»Wen denn?«, fragte Mucki höflich.

»Die da!«, schrie der durchgedrehte Fremde und deutete auf seinen eigenen Kopf. Dann sprang er auf seine verhornten Füße, stürmte mit gesenktem Kopf auf den Stamm des Knutschbaums zu und rammte mit voller Wucht dagegen, sodass er vor den erschrockenen Augen der Torflinge ohnmächtig umfiel. Froyo füllte seinen schmalkrempigen Hut mit klarem Wasser aus einem nahen Rinnsal und näherte sich dem Betäubten. Der jedoch öffnete die marmorierten Augen und stieß einen weiteren Kiekser aus.

»Nein, nein, kein Wasser!«

Froyo schreckte zurück, und das magere Geschöpf richtete sich auf Knien und Fingerknöcheln auf.

»Aber hersslichen Dank trossdem«, sagte der Fremde, »das geht mir immer so beim Runnerkommen.« Der nuschelnde Spinner grinste zahnlos und streckte ihnen eine schmutzige Hand entgegen.

»Tim Benzedrin, ssu Dienssen.« Froyo und die anderen stellten sich höflich vor, die Blicke auf den Knutschbaum gerichtet, der ihnen schon wieder seine Fruchtkörper entgegenstreckte.

»Nee, mach euch ma keine Sorgen um den«, schnaufte Tim, »der schmollt nur. Seid wohl neu hier?«

Froyo sagte ihm vorsichtig, dass sie auf dem Weg nach Bie seien, sich aber verlaufen hätten. »Kannst du uns sagen, wie wir dorthin finden?«

»Oh wow, na klar«, lachte Tim, »das ist ganz einfach. Aber gehm-wa ersma ssu meiner Bude, ihr müss mein Mädchen kennlern. Heiß Haschbeere.«

Die Torflinge waren einverstanden, denn ihre Vorräte an Toffelsalat waren aufgebraucht. Sie hoben ihr Gepäck auf und folgten neugierig dem wild im Zickzack torkelnden Benzedrin, der gelegentlich anhielt und sich mit einem Stein oder einem Baumstumpf unterhielt, sodass sie Zeit zum Aufholen hatten. Während sie die bedrohlichen Bäume umrundeten, krächzte Tim Benzedrin fröhlich aus voller Kehle:

Du Blumenkind, du Mondenweib,
Du machst mich high mit Küssen.
Du bläst besser als jedes Blow,
Du leckst mir an den Nüssen.

Du siehst geil aus im Batikkleid,
Du hast die Haare knotig,
Du duschst nicht, noch rasierst du dich,
Du hast das gar nicht notig.

Du ballerst besser als 'ne Bong,
Du flashst mich wie Peyote.
Du bist wie Koks, aber auf Koks,
Du machst, dass ich einkote.

Bald gelangten sie zu einer Lichtung auf einem niedrigen Hügel. Dort stand eine baufällige Hütte in der Form eines Gummistiefels mit einem dünnen Schornstein, aus dem dichter, kränklich-grüner Rauch aufstieg.

»Ja, geil«, quiekte Tim, »sie is zu Hause!« Angeführt von Tim näherte sich die Gesellschaft der unscheinbaren Hütte. Aus dem einzigen Fenster blinkten weiße Lichtblitze. Als sie über die Schwelle traten, die mit Zigarettenpapier, zerbrochenen Pfeifen und Gehirnzellen übersät war, rief Tim:

Vier Gäste hab ich mitgebracht,
Drum wird die Shisha angemacht.

Aus der verqualmten Tiefe des Raumes kam die Antwort:

Dann kommt doch rein und nehmt 'nen Hieb,
Wir haben uns hier alle lieb!

Zuerst konnte Froyo zwischen den schillernden Tapeten und den Stroboskopkerzen nichts erkennen außer einem Haufen schmutziger Putzlappen. Aber dann sprach der Haufen erneut:

Nun setzt euch hin und macht euch breit,
macht euch bereit für Breitigkeit.

Die Torflinge kniffen ihre brennenden Augen zusammen. Da bewegte sich der Haufen, setzte sich auf und entpuppte sich als unglaublich abgemagerte, hohläugige Frau. Sie betrachtete sie eine Sekunde lang, murmelte »Geil, ey« und kippte komatös vornüber, dass die Perlen rasselten.

»Lass euch nich von Haschi stören«, sagte Tim. »Dienstags hat se immer ihrn Depri.«

Etwas verwirrt vom beißenden Qualm und den blitzenden Kerzen setzten sich die Torflinge im Schneidersitz auf eine schmuddelige Matratze und baten höflich um etwas zu essen, da sie weit gereist waren und schlecht gepackt hatten.

»Zu essn?«, kicherte Tim und kramte in einem selbst gemachten Lederbeutel. »Wart ma, ich find schon was. Ma sehn, oh, oh wow! Wusste gar nich, dass davon noch was da war!« Ungeschickt holte er etwas aus dem Beutel und reichte es ihnen in einer verbeulten Radkappe. Es waren die mit Abstand dubiosesten Pilze, die Spam je gesehen hatte.

»Das sind die mit Abstand dubiosesten Pilze, die ich je gesehen habe«, stellte er fest.

Aber es hatte noch nie etwas Dubioses gegeben, das Spam nicht angebissen hätte, also langte er zu und stopfte sich voll. Die Pilze hatten eine seltsame Farbe und rochen komisch. Sie schmeckten aber einigermaßen, wenn auch leicht schimmelig. Als Nachtisch wurden den Torflingen kleine, bunte Bonbons mit aufgedruckten Buchstaben angeboten.

»Schmelzen im Hirn, nicht in der Hand«, kicherte Tim.

Nach diesem Mahl entspannten sich die zufriedenen Torflinge, während Haschbeere auf einem Instrument musizierte, das wie ein schwangerer Webrahmen aussah. Der gut gelaunte, weil gesättigte Spam freute sich, als Tim ihm etwas von seiner »eigenen Spessial-Mischung« für die Nasenpfeife anbot. Seltsames Aroma, dachte Spam beim Paffen, aber lecker.

»Ne halbe Stunde habta noch, bisses reinknallt«, sagte Tim. »Gibs was ssu erssählen?«

»Erzählen?«, fragte Spam.

»Na, so mitm Mund reden, weissu«, erwiderte Tim und entzündete seine eigene Pfeife, einen großen, umgebauten Milchabscheider voller Ventile und Drehregler. »Habta Stress mitn Bullen oder mitm Dealer?«

»So ähnlich«, meinte Froyo, um bloß nicht zu viel zu verraten. »Wir haben so einen Ring der Macht und … ups!« Froyo stoppte, aber zu spät, jetzt war es raus.

»Hammer!«, rief Tim. »Zeig ma.«

Widerstrebend reichte Froyo ihm den Ring.

»Ziemich billiges Teil«, sagte Tim und warf ihn zurück. »Noch billiger als das, was ich den Zwergen verticke.«

»Du verkaufst Ringe?«, fragte Mucki.

»Auch«, antwortete Tim. »Hab'n Laden mit Sandalen, Heilkristallen und Handyhüllen, aber nur inner Haupsaison. Im Winter wird gechillt, verstehsse?«

»Reisende werden nicht mehr viele in den Wald kommen«, sagte Froyo leise, »wenn wir Saurums Pläne nicht vereiteln. Machst du mit?«

Tim schüttelte das Haar. »Ey, nerv nich, Mann. Bin Wehrdienstverweigerer vom Gewissen her. Bin hergekomm, damit se mich nich einziehn, verstehsse? Wenn Saurum und seine Faschos ankommen und rumstressen, kriegen se von mir Licht un Liebe.«

»Keine Eier, der Typ!«, knurrte Spam leise.

»Eier hab ich«, sagte Tim und zeigte auf seine Schläfe, »nur kein Hirn mehr!«

Froyo lächelte diplomatisch, bekam aber plötzlich starke Bauchschmerzen. Dann begannen seine Augen zu rollen, und er fühlte sich sehr benommen. *Wahrscheinlich nur die Eichenschilddrüse,* dachte er, während seine Ohren klingelten wie eine Kasse im Mittelaltermarkt. Seine Zunge fühlte sich dick an, und sein Schwanz begann zu vibrieren. Er wandte sich Spam zu und wollte ihn fragen, ob er dasselbe spürte.

»Argelbargel morbel Wusch?«, sagte Froyo.

Aber das machte nichts, denn Spam hatte seltsamerweise beschlossen, sich in einen rosa Drachen zu verwandeln, der Zweireiher und Strohhut trug.

»Wie bitte, Chef?«, fragte die schmucke Echse mit Spams Stimme.

»Ffluger fribbel Kitschbunt frubel«, sagte Froyo verträumt. Den Strohhut fand er für den Spätherbst unpassend. Er blickte zu den Zwillingen hinüber und sah, dass sie ein farblich abgestimmtes Kaffeegeschirr geworden waren.

»Fühl mich übel«, sagte der eine.

»Übel fühl ich mich«, der andere.

Tim, der jetzt ein stattlicher Rettich war, lachte laut und verwandelte sich in eine aufgerollte Parkuhr. Dem schwindligen Froyo schwappte eine Welle aus Haferbrei durchs Hirn, sodass er die

Sabberpfütze vergaß, die sich in seinem Schoß sammelte. Zwischen seinen Ohren platzte eine geräuschlose Explosion, und zu seinem Schrecken sah er, dass der ganze Raum pulsierte und wuchs wie ein Dickpic in Photoshop. Froyos Ohren wurden lang, und seine Arme verwandelten sich in Badmintonschläger. Im Boden taten sich Löcher auf, aus denen Pudding emporblubberte. Eine Formation aus Käfern tanzte auf seinem Bauch Macarena, aber rückwärts. Ein Schweizer Käse lud Froyos Nase zum Walzer ein, und sie drehten mehrere fröhliche Runden. Froyo öffnete den Mund, um Einspruch zu erheben, aber heraus flog ein Schwarm Regenwürmer. Seine Gallenblase sang eine Arie und vollführte einen Stepptanz auf seinem Blinddarm. Er begann das Bewusstsein zu verlieren, und kurz bevor es ihm entglitt, hörte er noch ein zwei Meter hohes Waffeleisen kichern: »Wenn's dich jetzt schon flasht, dann warte, bis das High kommt!«

III

Nur dreieinhalb Sterne
für die »Mittelalterey«

Als Froyo endlich erwachte, wärmte bereits der goldene Glanz des späten Vormittags das Gras. Sein Kopf tat weh, und sein Mund schmeckte wie der Boden eines Vogelkäfigs. Als er sich mit schmerzenden Gelenken umschaute, sah er, dass er und seine drei immer noch schlummernden Gefährten am Rande des Waldes lagen und sich vor ihnen die vierspurige Karrenpiste erstreckte, die direkt nach Bie führte! Von Tim Benzedrin keine Spur.

Froyo dachte bei sich, dass die Ereignisse der vergangenen Nacht auch ein Traum gewesen sein könnten, wie ihn Toffelsalat nach Ablauf des Verfallsdatums manchmal verursachte. Dann aber sahen seine blutunterlaufenen Augen die kleine Papiertüte neben seinem Rucksack, an der ein Zettel befestigt war. Neugierig las Froyo das Gekritzel:

lieba frojo,
schade das ir gestan so frü abgekakt seid. hapt pa gaile trips vapast. hoffe das mit dem ring krigt ir ürngtwie hin.
peace
tim
PS: geb euch noch n bischen was mit. muss jetz schluss machen weils grade amtlich reinknallt ohgottohgottohgott\$5~%*@+=!

Froyo lugte in die schmutzige Papiertüte und sah darin eine Reihe bunter Pastillen, ähnlich denen, die sie am Abend zuvor gegessen hatten. *Seltsam*, dachte Froyo, *aber vielleicht erweisen sie sich als nützlich. Wer weiß?* Die nächste Stunde verbrachte er damit, seine Kameraden zur Besinnung zu bringen, und den Weg nach Bie verbrachten sie damit, sich Lügengeschichten über die Abenteuer des Vorabends zurechtzulegen.

Bie war das Hauptkaff vom Bielefeld, einer kleinen und sumpfigen Region, die hauptsächlich von Sternmullen und Leuten bevölkert war, die lieber woanders wären. Der Flecken hatte einen Aufschwung an Beliebtheit erlebt, als mitten hindurch der vierspurige Interirdische Expresspfad gebaut worden war, weil ein Landvermesser Schluckauf gehabt hatte. Man hatte danach eine Zeit lang von illegalen Radarfallen und gefälschten Sanifair-Bons gelebt. Ein kleiner Touristenstrom aus dem Augenland hatte den Bau von Imbissbuden, Souvenirständen und historischen Wahrzeichen angeregt. Aber diese windigen Geschäfte wurden von »Krisen« aus dem Osten überschattet. Statt Touristen kam von dort ein Rinnsal von Flüchtlingen mit wenig Hab und Gut und noch weniger Geschäftssinn. Die Menschen und Torflinge von Bie erkannten darin eine Gelegenheit und bereicherten sich gemeinsam an den gebrochen sprechenden Ortsunkundigen, indem sie ihnen kürzere Namen, Schwarzmarktvisa für das Augenland und Gamestop-Aktien verkauften.

Die Menschen von Bie waren dumm, geduckt, gedrungen und spreizfüßig. Wegen der Wülste über ihren Augen und ihrer ziemlich schlechten Haltung wurden sie oft mit Neandertalern verwechselt, was Letztere immer sehr verärgerte. Da sie nur schwer zu reizen waren, lebten sie friedlich mit ihren Torfling-Nachbarn zusammen, die sich einfach nur freuten, dass auf der Evolutionsskala noch jemand unten ihnen stand.

So lebten die beiden Völkerstämme in Eintracht, genährt vom spärlichen Fremdenverkehr und von Hartz[10].

---

10 Feldfrucht, die in Aussehen und Geschmack einer Bauchspeicheldrüse ähnelt

Das Dörfchen Bie bestand aus ungefähr sechs Dutzend Häuschen aus Pappe, Gips und Zweiglein, jedenfalls war das in den Dioramen der Modellbauer so. Sie waren kreisförmig innerhalb des Schutzgrabens angeordnet, dessen Gestank einen Zinndrachen schon in dreißig Zentimeter Entfernung vom Sockel schmeißen konnte. Die Kompanie hielt sich die Nasenlöcher zu, überquerte die knarrende Zugbrücke und las das Schild am Tor:

Wyllkommen im Mittelalterdorfe Bie
Filmen und Fotografiren bey Strafe verboten

Die beiden verschlafenen Wachleute regten sich gerade genug, um den protestierenden Spam um seine restlichen Esslöffel zu erleichtern. Froyo gab die Hälfte seiner Zauberpillen ab, und die Wachen kauten sie neugierig.

Aber bevor die Wirkung eintrat, machten sich die Torflinge dünne und steuerten, wie Sandalf es ihnen geraten hatte, auf das von LED-Fackeln erleuchtete Schild am Dorfplatz zu. Es zeigte einen triefenden Humpen in den Klauen eines triefenden Ebers, verschlungen von einem triefenden Mund. Der Name des Gasthauses lautete »Die kleyne Mittelalterey«. Die Gruppe trat durch die Schwingtür ein und winkte dem Empfangsmenschen, auf dessen Namensschild »Seyd gegrveßet! Ich heyße Meyk Greyfensteyn!« stand. Wie der Rest des Personals war er in grellen Erdfarben als Bewohner des Mittelalters verkleidet.

»Na, Ihr!«, sagte der fette Torfling. »Möchtet Ihr ein Zimmer?«

»Ja«, sagte Froyo und warf einen verstohlenen Blick auf seine Begleiter. »Wir sind *nur zur Erholung* hier, nicht wahr, Jungs?«

»Zur *Erholung*«, sagte Mucki und zwinkerte Froyo auffällig zu.

»*Erholung*. So wichtig«, fügte Pipi hinzu und nickte wie ein Idiot.

»Bitte hier unterschreiben«, sagte der Portier durch sein Pappvisier hindurch. Froyo nahm den an den Tresen geketteten Kugelschreiber mit angeklebtem Gänsekiel und schrieb die Namen Max Mustermann, Alias Undercover, Name Bleibtgeheim und Aka Pseudonym ins Formular.

»Stellt Euer Gepäck ab, ich lasse es aufs Zimmer bRINGen, Herr, äh, Mustermann.«

»Trefflich«, murmelte Froyo und blickte suchend nach der Tür zum Schankraum.

»Vortrefflich«, kicherte der Mundschenk. »Einfach da RINGehen.«

»Okay«, sagte Froyo und eilte davon.

»Viel Spaß!«, rief ihnen Greyfensteyn hinterher. »In dRINGenden Angelegenheiten einfach kRINGeln, äh, klingeln!«

Außer Hörweite drehte sich Froyo besorgt zu den anderen um.

»Glaubt ihr, der weiß was?«, flüsterte er.

»Nee, Herr Froyo«, sagte Spam und rieb sich den Bauch. »Jetzt erst mal happa happa!«

Die vier betraten den Schankraum und setzten sich in eine Nische gleich neben dem Kamin, in dem ein riesiger Eber aus angemaltem Beton an einem motorisierten Drehspieß über prasselndem Propangas gegrillt wurde. Durch den überfüllten Raum dudelte sehr authentisch mit Renaissanceinstrumenten gespielte Barockmusik. Die ausgehungerten Torflinge studierten die »Speysekarte«, die in Frakturschrift gesetzt und an den Rändern angesengt war. Während Froyo den in lauterem Leinöl flambierten »Met-'n'-Bret-Burger« erwog, hatten sich die Zwillinge schon für die »Grütze mit Mus an Brei« entschieden. Spam beäugte indessen die neun feschen Kellnerinnen, die entweder zu enge Korsetts oder bauchfreie Kittelschürzen trugen. Eine von ihnen kam an den Tisch, um die Bestellung aufzunehmen, und Spam betrachtete lüstern ihre glühend roten Augen, ihre schiefe, blonde Perücke und ihre behaarten Beine.

»Wollt ihr schon bestellen?«, fragte die Magd und wankte auf ihren unbequemen Plateauschuhen.

»Zweimal den Bret-Burger und zweimal den Brei mal drei, bitte«, antwortete Froyo respektvoll.

»Auch was zu, äh, dRINGen, die Herren?«

»Nur vier Orca-Colas, danke.«

»Prima.«

Die Dienstmagd stakste ungeübt auf ihren Absätzen davon und stolperte beinahe über ihr langes, schwarzes Dolchgehänge. Froyo suchte die Menge nach Verdächtigen ab. Einige Torflinge, einige Menschen, an der Theke ein ohnmächtiger Troll. Das Übliche.

Erleichtert erlaubte Froyo seinen drei Gefährten, sich unter die Gäste zu mischen, ermahnte sie aber, bloß nicht den *Ihr-wisst-schon-was* zu erwähnen. Die Maid brachte Froyos Burger zum Tisch, während Spam mit den Kobolden am Nebentisch ein paar sinnlose Anekdoten austauschte und die Zwillinge einem Feenpärchen den Witz von dem Tatzelwurm und der Nonne erzählten, der im Augenland immer zündete. Während sich immer mehr Gäste um sie scharten und der obszönen Pointe entgegenfieberten, mampfte Froyo nachdenklich seinen faden Burger und fragte sich, was wohl aus dem Großen Ring werden würde, wenn sie erst in Lauerbach auf Sandalf träfen.

Plötzlich rammten Froyos Backenzähne einen kleinen, harten Gegenstand im Burger. Leise fluchend griff er sich zwischen die schmerzenden Kiefer und zog einen winzigen Metallzylinder hervor. Er schraubte den Deckel ab und prokelte einen noch winzigeren Streifen Mikropergament heraus, auf dem er folgende Worte entzifferte:

Vorsicht! Du bist in großer Gefahr. Deine Reise wird noch lange währen. Du wirst in Kürze auf einen großen, gut aussehenden Waldhüter treffen. Dein Hosenstall ist offen.

Froyo hielt erschrocken die Luft an und suchte mit den Augen nach dem Absender der Nachricht. Sein Blick blieb an einem großen, düsteren Waldhüter hängen, der am Tresen vor einem unangetasteten doppelten Almdudler saß. Seine schlanke Gestalt war ganz in Lodengrün gewandet, und seine Augen waren von einer schwarzen Maske verdeckt. Über der Brust kreuzten sich breite Gurte mit silbernen Patronen, und von seiner schlanken Hüfte baumelte bedrohlich ein perlenbesetztes Breitschwert. Als spürte er Froyos Augen im Nacken, drehte er sich langsam auf dem Barhocker um, erwiderte den Blick und legte geheimnistuerisch einen behandschuhten Finger an die Lippen. Dann zeigte er auf die Tür der Herrentoilette und streckte fünf Finger aus. *Fünf Minuten!* Er zeigte mit dem Finger erst auf Froyo und dann auf sich. Inzwischen hatte sich die Hälfte der Gäste zu ihm umgedreht. Man hielt seine Gesten für ein Scharadespiel und riet lauthals drauflos: »Hund, Katze, Maus!« Oder: »Berühmtes Sprichwort!«

Der junge Torfling gab vor, den Fremden nicht zu beachten, und las die Nachricht noch einmal. »Gefahr«, stand da. Froyo stierte nachdenklich in seine Orca-Cola mit ihrem Bodensatz aus Angelhaken und Glassplittern. Als gerade niemand hinsah, übergab er den Inhalt an die nächste Zimmerpalme, die sich artig bedankte.

Froyos Argwohn war geweckt. Er kroch aus der Sitzecke, vorbei an dem hübschen Hörrohr, das aus der Plastikblumendeko ragte. Unbeobachtet schaffte er es zur Toilette, um dort auf den geheimnisvollen Forstmann zu warten.

Nach einigen Minuten, in denen Froyo pfeifend und mit den Händen in den Taschen an der gekachelten Wand gelehnt hatte, begannen ihn mehrere Toilettenbenutzer neugierig zu beäugen. Um keine Fragen aufkommen zu lassen, wandte er sich dem Verkaufsautomaten zu, der an der Wand hing. »Welch ein Zufall«, sagte er für sich, »genau das, wonach ich gesucht habe!« Mit betonter Lässigkeit beschickte er sodann den Apparat mit Groschen aus seiner Geldbörse.

Fünfzehn Nasenflöten, acht Fidget-Spinner und vier Gummi-Geschlechtsteile später klopfte es mysteriös an der Tür. Stille. Dann tönte es laut hinter einer Kabinentür hervor: » Um Gottes willen, jetzt lasst den Hurensohn doch rein!« Die Tür schwang auf, das maskierte

Antlitz des dunklen Fremden erschien und winkte Froyo mit einem Nicken zu sich.

»Ich habe eine Nachricht für Euch, Mister Poplin«, sagte der Fremde.

Beim Klang seines wahren Namens kam Froyo der Burger hoch.

»Aber … yallah, isch glaube, du irrst disch, Habibi«, begann Froyo unsicher, »bitte sehl, mein ehlenweltel Name rautet …«

»Diese Botschaft ist von Sandalf dem Zauberer«, erklärte der Fremde, »sofern der Name, welchen Ihr führet, Froyo Poplin lautet!«

»Das bin ich«, gestand Froyo verwirrt und verängstigt.

»Und Ihr habt den Ring?«

»Vielleicht ja, vielleicht auch nicht«, entgegnete Froyo, um Zeit zu gewinnen.

Der Fremde hob Froyo an seinem schmalen Revers hoch.

»*Und Ihr habt den Ring?*«

»Ja, schon«, quietschte Froyo. »Ich hab ihn eben! Verklagen Sie mich doch.«

»Fürchtet Euch nicht, zerstreuet Eure Sorge, zaget nicht und haltet Eure Angst im Zaum«, lachte der Mann. »Ich bin ein Freund.«

»Und Sie haben eine Nachricht von Sandalf für mich?«, schluckte Froyo und spürte, dass sich sein Burger ein wenig beruhigte. Der Hochgewachsene öffnete ein Geheimfach in der Satteltasche, die er über der Schulter trug, und reichte Froyo einen Zettel, auf dem stand:

3 Unterhosen
4 Paar Socken
Kettenhemd
Kondome

Genervt von dem uralten Gag schnappte der Fremde dem Torfling den Zettel aus der Pfote und ersetzte ihn durch ein gefaltetes Pergament. Froyo prüfte das Siegel: Sandalfs in getrocknetes Kaugummi geprägte X-Rune bezeugte den Absender.

Hastig öffnete er den Brief und hob den Kaugummi für Spam auf. Mit Mühe entzifferte er das vertraute Sütterlin des Zauberers. Er las:

Froyo, Alter,

das Kalb ist in die Tränke gefallen! Die Axt geht im Walde um! Saurums Nasdâqs haben Wind von unserem kleinen Ausweichmanöver bekommen und halten Ausschau nach »vier Torflingen, einem davon mit rosa Schwanz«. Man kann sich auch ohne Abakus ausrechnen, dass irgendjemand aus dem Nähkästchen gesungen hat. Verdufte bloß, wo immer du auch bist, und verlier nicht den Du-weißt-schon-was. Wenn's geht, treffen wir uns auf der Schlechtwetterspitze, wenn nicht, dann eben in Lauerbach. Nimm dich in Acht vor falschen Fuffzigern, aber mach dir keinen Kopf wegen Stapfer. Er ist 'n Guter, əllɐɥ .ɹɥǝs ʇɥɔıu sƃuıpɹǝllɐ, falls du weißt, was ich meine.

Muss Schluss machen, hab gerade was aufm Bunsenbrenner.

Sandalf

PS: Wie gefällt dir mein neues Briefpapier? Hab ich für 'n Appel und 'n Basiliskenei bekommen!

Erneut war Froyos Met-'n'-Bret-Burger zur Stelle. Froyo kämpfte gegen dessen vorzeitiges Emporkommen an und keuchte: »Dann sind wir hier nicht sicher.«

»Hab keine Angst, kleiner Torfling«, sagte Stapfer, »denn ich, Agronom, Ergonoms Sohn, bin bei dir. Sandalf muss mich in dem Briefe erwähnt haben. Ich trage viele Namen …«

»Tragen Sie bestimmt, Herr Ergonomssohn«, unterbrach ihn Froyo panisch. »Aber wenn wir hier nicht rauskommen, ist Pallas am Schwenkmast. Ich fürchte, jemand in diesem Saftladen will meinen Arsch, und zwar nicht zwecks einer Arschmassage!«

Als Froyo zur Sitzecke zurückkehrte, schlugen sich die drei Torflinge dort immer noch den Bauch voll. Spam ignorierte den maskierten Fremden und grinste Froyo fetttriefend an.

»Hab mich schon gewundert, wo du hin bist«, sagte er. »Willste mal abbeißen?«

Froyos Burger wollte sich sofort mit Spams verbrüdern, aber Froyo würgte ihn hinab und machte Platz unterm Tisch für Stapfers lange X-Beine. Die Torflinge sahen Stapfer mit trägem Desinteresse an.

»Wusste gar nicht, dass schon Karneval ist«, spottete Spam.

Froyo hielt Stapfers zornige Faust zurück. »Hört zu«, sagte er schnell, »das ist Stapfer, ein Freund von Sandalf und ein Freund von uns …«

»Und ich trage viele Namen …«, begann Stapfer.

»Und er trägt viele Namen, aber jetzt müssen wir als Allererstes ganz schnell …« Froyo spürte, dass hinter ihm auf einmal etwas aufragte.

»Wollen die Herren Schwachmaten bezahlen?«, krächzte eine Stimme hinter einem blonden Haarschopf hervor.

»Na klar«, sagte Froyo, »darf ich Ihnen als Trinkgeld …«

Plötzlich spürte Froyo, wie eine kräftige, krallenbewehrte Hand in seine Tasche griff.

»Nur keine Umstände, Jüngelchen«, knurrte die Stimme, »ich nehme lieber RINGgeld! Har, har, har, har, har!« Mit einem schrillen Schrei sah Froyo zu, wie die Perücke vom Kopf der falschen Schankmaid rutsche und die lohroten Augen und das hämische Grinsen eines Nasdâqs entblößte! Wie hypnotisiert starrte er auf das geifernde Grinsemaul des riesigen Dämons und sah, dass jeder Zahn darin rasiermesserscharf geschliffen war. *Dem seine Zahnarztrechnungen möchte ich nicht haben*, dachte er. Der Ringgeist hob ihn hoch und durchwühlte auf der Suche nach dem Großen Ring seine Taschen. Froyo sah sich hilfesuchend um.

»Komm schon, komm schon«, knurrte das Ungeheuer und wurde ungeduldig, »raus damit!« Acht weitere Riesenkellnerinnen näherten sich, allesamt die gewetzten Beißerchen bleckend. Brutal drückten sie die drei käsebleichen Torflinge zu Boden. Von Stapfer war nichts zu sehen, außer ein paar klirrenden Sporen, die unter dem Tisch hervorschauten.

»Okay, Kröte, gib's her!«, zischte der Böse und zog seinen riesigen schwarzen Streitkolben. »Ich sagte … aaauuutsch!« Mit einem Schmerzensschrei ließ der Nasdâq Froyo los und hüpfte in die Höhe. Eine scharfe, gezackte Klinge stieß unter dem Tisch hervor. Stapfer sprang auf.

»Oh Drachenhauch! Gilthorpial!«, jodelte er und fuchtelte wie ein Wahnsinniger mit seiner Klinge herum. Dann stürzte er sich mit seinem unhandlichen Schwert auf den nächstbesten Geist. »Banzai!«, schrie er. »Pardon wird nicht erbeten, noch gewährt! Verdammte Torpedos!« Mit einem argen Schwinger verfehlte Stapfer sein Ziel um gut einen Meter und stolperte über seine Scheide.

Die Neun starrten den sich windenden, wutschäumenden Wahnsinnigen mit runden, glutroten Augen an. Der Anblick von Stapfer erfüllte sie mit Staunen. Sprachlos standen sie da.

Plötzlich begann eines der verblüfften Gespenster erst zu kichern, dann zu prusten. Ein anderes lachte los. Zwei weitere stimmten laut glucksend ein, und am Ende erlagen alle neun einem hysterischen Lachanfall mitsamt Seitenstechen. Stapfer stand wutschnaubend auf, trat dabei auf den Saum seines Umhangs und strauchelte, sodass seine Silberpatronen über den Boden titschten. Der ganze Schankraum dröhnte vor ungläubiger Heiterkeit. Zwei der Nasdâqs brachen hilflos gackernd zusammen. Andere taumelten umher, schnappten nach Luft und ließen ihre Keulen fallen, während ihnen große rote Tränen über die schuppigen Wangen rollten. »Har, har, har!« Stapfer rappelte sich auf, puterrot vor Zorn. Er hob das Schwert, und die Schneide fiel vom Griff ab. Har, har, har, har, har! Die Nasdâqs kugelten sich auf dem

Boden und hielten sich die Rippen. Stapfer ersetzte die Klinge, holte mächtig aus und bohrte die Schwertspitze mit Wucht in das Betonschwein. »HAR, HAR, HAR! HAR, HAR, HAR, HAR, HAR! HAR, HAR, HAR, HAR! HAR, HAR, HAR!«

Da Froyo merkte, dass ihn niemand beachtete, hob er einen der fallen gelassenen Streitkolben auf und schlug in aller Ruhe ein paar Schädel ein. Mucki, Spam und Pipi folgten seinem Beispiel, gingen zwischen den winselnden Erddämonen umher und traten ihnen großzügig in die ungepanzerten Hoden.

Als Nächstes durchtrennte der verwirrte Agronom versehentlich einen Seilzug, sodass der massige Kronleuchter herunterrasselte. Das gab den halb bewusstlos darunter liegenden Geistern den Rest und tauchte den Raum in völlige Dunkelheit. Die Torflinge flitzten blindlings zur Tür und zerrten dabei Stapfer hinter sich her. Sie entflohen Haken schlagend den glühenden Augen und rannten atemlos durch enge Gassen.

Im Laufen spürte Froyo neugierige Blicke auf sich und den verzweifelten Gefährten. Ob die Dörfler wohl die Schergen Saurums benachrichtigen würden? Erleichtert sah er, dass sie sich kaum um die Flüchtenden kümmerten, sondern ihren abendlichen Pflichten nachgingen, nämlich Leuchtfeuer anzündeten, Rauchzeichen absetzten und Brieftauben freiließen.

Die Truppe lief an den schnarchenden Wachen vorbei, überquerte die Zugbrücke und erreichte offenes Gelände. Nachdem sie das Städtchen verlassen hatten, führte Stapfer sie in ein dichtes Röhricht und gebot ihnen, sich zu ducken und leise zu sein, um nicht von Saurums Handlangern gesehen zu werden, die schnell wieder zu sich kommen und die Jagd aufnehmen würden.

Während noch alle keuchten, stellte Agronom die Lautstärke an seinem Hörgerät auf Vollgas und legte den Kopf auf den Boden.

»Lauschet und sehet!«, flüsterte er, »ich erhorche die Hufe von neun Reitern, die in Angriffsformation nahe des Weges heranstürmen.« Ein paar Minuten später trottete lustlos ein Paar Ochsen vorüber, aber zu Stapfers Verteidigung sei gesagt, dass sie einigermaßen todbringend aussehendes Gehörn trugen.

»Die listigen Nasdâqs haben meine Ohren verhext«, murmelte Stapfer und wechselte achselzuckend die Batterien, »aber einstweilen ist der Weg sicher.«

Im selben Moment erdonnerten auf dem Pfad die Hufe der gefürchteten Schweinereiter. Gerade noch rechtzeitig duckte sich die Truppe wieder in ihr Versteck, und die Rachesuchenden rasten vorbei. Als das Klirren ihrer Rüstungen in der Ferne verklang, tauchten fünf Köpfe wieder über den Büschen auf. Ihre Zähne klapperten wie billige Kastagnetten.

»Das war knapp!«, sagte Spam. »Hätt mir fast in die Buxe gemacht.«

Die Gruppe beschloss, noch vor Sonnenaufgang zur Schlechtwetterspitze vorzudringen. Der Mond war in einen Schleier aus schweren Wolken gehüllt, als sie dem erhabenen Gipfel zustrebten, jenem einsamen Granitfinger am südlichen Fuße der legendären Schlechtwetterberge, den nur sehr wenige jemals ohne Selfiestick erklommen hatten.

Stapfer schritt schweigend durch die kühle Nachtbrise, lautlos bis auf das leise Klirren seiner verzinkten Sporen. Die Zwillinge waren fasziniert von dem Schwert mit dem Perlengriff, das er Nirosta, Bezwinger von Dutzenden, nannte. Mucki schlich sich neben den schlanken, maskierten Mann.

»Tolles Käsemesser haben Sie da, Herr von Ergonom«, sagte der neugierige Torfling.

»Ja«, bestätigte Stapfer und beschleunigte seinen Schritt.

»Sieht nicht nach Serienfertigung aus. Muss ein Sondermodell sein, was?«

»Ja«, erwiderte der große Mann und spreizte verärgert die Nasenlöcher.

Schnell wie eine Packratte riss Mucki die Waffe aus dem Holster. »Darf ich mal?« Ohne mit der Wimper zu zucken, trat Stapfer mit dem Maßstiefel dermaßen zu, dass der junge Torfling wie ein Gummiball wegtitschte.

»Nein«, fauchte Stapfer und holte sich das Schwert zurück.

»Ich glaub, das war nett gemeint, Herr von Ergonom«, sagte Froyo und half Mucki auf die Plattfüße. Verlegenes Schweigen setzte ein. Spam, dessen Geschichtskenntnisse sich auf die allerbrutalsten Metzeleien beschränkte, fielen auf einmal Bruchstücke einer alten Volksweise ein, und er begann zu singen:

Zu Gondídor war einst ein König,
Der hatte ein scharfes Schwert.
Der Feind aber hatte Kanonen,
Da war das Schwert wenig wert.

Auf einmal quoll zur Überraschung der Torflinge eine dicke Träne aus Stapfers Auge, und seine Stimme schluchzte in der Dunkelheit:

Das Schwert, das ging in die Brüche,
Der König, der ward massakriert.
Und ehe das Schwert nicht geklebt ist,
Kein Königssohn je triumphiert.

Die Torflinge staunten über Stapfers dünne Singstimme, und es war, als sähen sie ihren Gefährten erst jetzt zum ersten Mal. Voller Ehrfurcht erkannten sie an ihm das sagenumwobene fliehende Kinn und die Hasenzähne der Nachkommen König Isotóps.

»Dann sind Sie ja der rechtmäßige Thronerbe von Gondídor!«, rief Froyo.

Der hochgewachsene Waldhüter sah sie ungerührt an. »Eure Worte ließen sich bestätigen«, sagte er, »aber ich möchte einstweilen keine

Auskunft geben, denn es gibt noch eine weitere, oft weggelassene Strophe zu dieser traurigen Klageweise:

Den Erben des Königs zu hindern
Ist Saurums höchstes Begehr,
Drum kleide dich lieber als Forstwirt,
Dann hast du vom Leben mehr.

Dass ein soeben offenbarter Herrscher nun in so unscheinbarem Kostüm neben ihm hertrabte, machte den jungen Froyo nachdenklich und ließ ihn lange über die mannigfaltige Ironie des Lebens grübeln.

Der Sonnenrand tauchte am fernen Horizont auf und beleuchtete mit ersten zaghaften Strahlen die Schlechtwetterspitze. Nach einer Stunde anstrengender Kraxelei erreichten sie den Gipfel und rasteten dankbar auf dem Felsplateau, während Stapfer nach einem Zeichen von Sandalf suchte. Er schnüffelte an einem großen, grauen Felsen, blieb stehen und rief Froyo herbei. Froyo blickte auf den Stein und erkannte neben der X-Rune des alten Zauberers einen ungelenk eingeritzten Totenkopf.

»Sandalf ist vor Kurzem hier gewesen«, sagte Stapfer, »und so ich mich in diesen Runen nicht irre, weisen sie den Ort als sichere Lagerstatt für uns aus.«

Dennoch legte sich Froyo mit nagender Sorge schlafen. *Immerhin*, erinnerte er sich, *ist er ein König.* Die Brücke über den Gallwein und der Weg nach Lauerbach waren nur eine Viertelstunde entfernt, dort wären sie endlich vor den marodierenden Schweinsrittern sicher. Aber Schlaf nachzuholen war erst mal wichtiger, und so rollte sich Froyo vergnüglich seufzend unter einem Felsvorsprung zusammen. Bald schlief er fest, eingelullt vom fernen Klirren der Rüstungen und leisen Schnüffelgeräuschen.

»Erwachet! Erwachet! Angreifer! Feinde! Fliehet!«, weckte jemand Froyo flüsternd aus seinen Träumen. Stapfers Hand rüttelte ihn grob. Froyo gehorchte und spähte den Abhang hinab. Drunten erkannte er neun schwarze Gestalten, die sich ans Versteck der Freunde heranschlichen.

»Ich scheine die Zeichen falsch gelesen zu haben«, murmelte der Thronerbe verstört. »Bald werden sie über uns herfallen, es sei denn, wir lenken ihren Zorn von uns ab.«

»Wie denn?«, fragte Pipi.

»Ja, wie?«, echote wer wohl?

Stapfer betrachtete die Torflinge. »Einer von uns muss zurückbleiben und sie aufhalten, während wir zur Brücke sprinten.«

»Aber wer?«

»Keine Angst«, sagte Stapfer schnell. »Ich habe hier vier Lose in meinem Fehdehandschuh, drei lange und ein kurzes für den, den wir opfer... äh, für den, dessen Name auf ewig in Ruhmeshallen prangen möge.«

»Vier?«, fragte Spam. »Keins für dich?«

Der Waidmann reckte mit großer Würde den Kopf. »Keinesfalls«, erklärte er, »möchte ich, der ich die Lose fertigte, daraus einen unrechten Vorteil gewinnen.«

Beschwichtigt zogen die Torflinge die vier Pfeifenreiniger. Spam zog den kürzeren.

»Können wir noch mal?«, jammerte er. Aber seine Kameraden waren bereits hinter der Gipfelkuppe verschwunden und hasteten, so schnell sie konnten, ins Tal. Dem keuchenden, japsenden Froyo rollte eine dicke Träne aus dem Auge. Er würde Spam vermissen.

Spam blickte den gegenüberliegenden Abhang hinab. Die Nasdâqs hatten abgesessen und kamen schnell auf ihn zu. Er kauerte sich hinter einen Felsen und schrie ihnen mutig entgegen. »Wenn ich ihr wäre«, rief er, »würd ich nicht näher kommen! Und wenn doch, dann wird es euch leidtun!« Die argen Ritter rückten unbeirrt näher. »Ihr kriegt die

Hucke voll!«, schrie Spam wenig überzeugend. Immer näher kamen die Großgeister, und Spam verlor die Nerven. Er nahm sein weißes Taschentuch heraus, schwenkte es in der Luft und zeigte auf seine davoneilenden Freunde.

»Gebt euch nicht mit mir ab«, rief er. »Der mit dem Ring ist da hinten am Laufen!«

Als Froyo dies hörte, zuckte er zusammen und ließ die fetten Beine noch schneller flitzen. Stapfers lange Stelzen hatten ihn bereits über die Brücke und in Sicherheit gebracht, denn das andere Ufer war neutrales Elbengebiet. Froyo blickte sich um. Er würde es nicht mehr schaffen!

Stapfer beobachtete das Rennen um Leben und Tod im Schutze eines Dornbuschs am Bachufer. »Lauft schneller«, rief er helfend, »denn die Mächte des Bösen sind hinter Euch!« Dann hielt er sich die Augen zu.

Das Donnern des Schweinsgalopps dröhnte immer lauter in Froyos Ohren, und er spürte schon das todbringende »Wusch!« der schrecklichen Nasdâq-Morgensterne im Nacken. Er setzte zu einem letzten verzweifelten Endspurt an, stolperte jedoch und schlitterte bis kurz vor den Grenzfluss. Vor Schadenfreude gackernd umringten die Neun den armen Froyo, und ihre blinzelnden Rosse grunzten nach seinem Blut.

»Blut! Blut!«, grunzten sie.

Froyo blickte angsterfüllt auf und sah, wie sich ihr Kreis um ihn schloss, wie der Tod ihm auf Armlänge näher rückte. Der Rottenführer, ein muskulöser Geist mit chromglänzenden Beinschienen, lachte wild auf und hob den Streitkolben.

»Hehehe, du dreckige Ratte! Jetzt wird's lustig!«

Froyo duckte sich. »Kann sein, kann auch nicht sein«, brachte er sein Lieblingsargument.

»Arrrgh!«, schrie ein ungeduldiger Nasdâq, der zufälligerweise auch so hieß.

»Kommt schon, lasst uns die kleine Kröte fertigmachen! Wir sollen ihm den Ring abnehmen und ihn an Ort und Stelle abmurksen, hat der Boss gesagt!«

Froyos Gedanken rasten. Er beschloss, alles auf seine letzte Karte zu setzen.

»Nun, das höre ich gern, denn das wäre gewiss nicht das Schlimmste, was ihr mir antun könnt!« sagte Froyo lammfromm.

»Har, har, har!«, gluckste ein anderer Reiter. »Was wäre denn schlimmer als das, was wir dir antun werden?« Die Ungeheuer kamen näher, um sich an der Todesangst in Froyos Herzen zu erfreuen.

Der Torfling faltete die Hände und verdrehte die Augen zum Himmel. Dann sang er eine Strophe »Danke für diesen guten Morgen«, unterschrieb sein Testament und einen Abschiedsbrief und rauchte seine letzte Zigarette.

»Der will sterben«, murmelte einer der Reiter.

»Der *wird* sterben!«, schrie ein anderer, den es nach Froyos Kehle dürstete.

»Gewiss werde ich sterben«, sagte Froyo gelassen. »Ihr lieben, guten Nasdâqs dürft mir alles antun, solange ihr mich bitte nicht in diesen Dornbusch da drüben werft!«

Da kicherten die sadistischen Reiter.

»Wenn es das ist, wovor du am meisten Angst hast«, brüllte eine Stimme voller Bosheit, »dann tun wir dir genau das an, du kleines Arschloch!«

Froyo spürte, wie er von einer verhornten schwarzen Hand hochgerissen und weggeschleudert wurde und in weitem Bogen über den Gallweinfluss bis in das Gestrüpp am anderen Ufer flog. Erleichtert stand er auf und fischte den Ring hervor, um sich zu vergewissern, dass er immer noch an seiner Kette hing.

Aber die schlauen Reiter ließen sich von Froyos List nicht lange ablenken. Sie trieben ihre sabbernden Schweine zur Brücke, fest entschlossen, den Torfling und seinen kostbaren Ring zu holen.

71

Aber zu Froyos Überraschung wurden die Schwarzen Neun am Brückenkopf von einer in schimmernde Gewänder gehüllten Gestalt angehalten.

»Maut, bitte«, befahl die Gestalt den erschrockenen Reitern. Die Verfolger waren erneut verblüfft, als sie auf ein hastig beschriftetes Schild verwiesen wurden, das an einen Pfosten genagelt war:

Mautbrücke Elbengau
Einzelne Wanderer ... 1 Pfennig
Zweiachsige Karren ... 2 Pfennig
Schwarze Reiter ... 49,99 Goldstücke

»Lasst uns hinüber!«, fauchte ein zorniger Nasdâq.

»Gewiss«, erwiderte der Beamte freundlich. »Mal sehen, Sie sind eins, zwei ... ah, neun Mann, das macht bei 49,99 pro Nase ... ääähm, genau 449,91. Bitte nur Barzahlung.«

Die Nasdâqs kramten hektisch in ihren Satteltaschen, während ihr Anführer vor Wut und Frust fluchend seine Keule schüttelte.

»Hören Sie mal«, schimpfte er, »was glauben Sie eigentlich, was wir überhaupt verdienen? Gibt es denn keine Ermäßigung für Staatsbeamte?«

»Tut mir leid ...«, lächelte der Bedienstete.

»Wie wär's mit 'nem Reisescheck? Gedeckt von den Schatzkammern Morrrdistans.«

»Tut mir leid, das hier ist eine Mautbrücke, keine Wechselstube«, erwiderte die Gestalt teilnahmslos.

»Ein paar unethische Fondsanteile? Investiert wird nur in Drachenhandel und Kinderarbeit. So stabil wie Tesla-Aktien.«

»Kein Geld, keine Überquerung, Kollege.«

Die Nasdâqs zitterten vor Wut, rissen aber ihre Reittiere herum und machten sich bereit zum Davonritt. Bevor sie sich entfernten, schüttelte der Anführer seine knorrige Faust.

»Das war noch nicht alles, du Penner! Du wirst noch von uns hören!« Mit diesen Worten spornten die Neun ihre furzenden Mastschweine an und galoppierten in einer Wolke aus Staub und Dung davon.

Als Froyo seine nahezu unmögliche Rettung vor dem sicheren Tod bedachte, fragte er sich, wie lange die Autoren noch mit so einem Unsinn durchkommen würden. Er war damit nicht der Einzige.

Stapfer und die anderen Torflinge kamen angerannt und gratulierten Froyo zu seiner Flucht. Dann wandten sie sich dem mysteriösen Brückenwächter zu, der näher kam und, als er Stapfer unter ihnen erblickte, die Hände zum Gruß erhob und also sang:

O Mwst., o UStVA! O Cthulhu Etagére!
O Ambiente irgendwás! Gelato Atmosphäre!

Stapfer hob ebenfalls die Hände und antwortete: »Om Shanti Sangría!« Sie umarmten einander und tauschten Freundesschwüre sowie den geheimen Handschlag aus.

Die Torflinge musterten den Fremden mit Interesse. Er stellte sich ihnen als Dobrindel der Elb vor. Als er sich seiner Amtsrobe entledigt hatte, bestaunten die Torflinge seine reich beringten Finger, seine tief ausgeschnittene, gebatikte Tunika und seine silbernen Strandclogs.

»Ich hätte euch schon vor Tagen erwartet«, sagte der Elb mit dem lichten Haar. »Gab's unterwegs Schwierigkeiten?«

»Ich könnte ein ganzes Buch drüber schreiben«, prophezeite Froyo.

»Na«, sagte Dobrindel, »wir sollten lieber Land gewinnen, bevor diese eindimensionalen Schurken zurückkehren. Sie sind vielleicht dumm, aber auf jeden Fall hartnäckig.«

»Ach, nee«, murmelte Froyo und merkte, dass er neuerdings häufiger murmelte.

Der Elb musterte die Torflinge zweifelnd. »Könnt ihr reiten, Jungs?« Ohne eine Antwort abzuwarten, pfiff er laut durch die Goldzähne. Im hohen Riedgras raschelte es, und mehrere übergewichtige Merinoschafe sprangen gereizt blökend ins Blickfeld.

»Aufgesessen«, sagte Dobrindel.

Froyo, der auf seinem bescheidenen Huftier mehr hing als saß, bildete das Schlusslicht des Reiterzuges vom Gallwein nach Lauerbach. Er steckte die Hand in die Tasche, fand den Ring und zog ihn im schwindenden Licht hervor.

Allmählich übte der Ring seine verändernde Kraft auf ihn aus, jene Verwandlung, vor der Dildo gewarnt hatte. Froyo hatte Verstopfung.

IV

FINDERGLÜCK, FINDERPECH

Nach dreitägigem, unerbittlichem Ritt, der ihnen etliche Viertelmeilen Vorsprung vor den Schwarzen Reitern beschert hatte, erreichten die müden Torflinge endlich das Mittelgebirge, welches das Tal von Lauerbach wie eine natürliche Mauer umgab und vor eventuellen Marodeuren schützte, die zu dumm oder zu klein waren, um einen Hügel zu besteigen. Aber die trittsicheren Reittiere überwanden alle Hindernisse mühelos mit kurzen, schreckhaften Sprüngen, und im Nu hatten Froyo & Co. die Kuppe des letzten Hügelchens erreicht und blickten auf die orangefarbenen Dächer und Kuppeln der Elbenpavillons. Sie trieben ihre japsenden Wiederkäuer an und galoppierten die gewundene Kordsamtstraße hinab, die zur Heimstatt von Elritz hinführte.

Es war später, grauer Herbstnachmittag, als der Zug aus Schafreitern in Lauerbach einritt, angeführt von Dobrindel auf seinem prächtigen Wollhengst »Scheuer«. Ein fieser Wind wehte, und aus den tief hängenden Wolken hagelte es Rollsplitt. Vor dem Haupthaus zog die Truppe die Zügel, und ein hochgewachsener Elb, in feinstem Perkal gekleidet und Blusen von blendender Weiße tragend, trat auf die Veranda und begrüßte sie.

»Willkommen im letzten heimeligen Hause mit Geschenkeshop östlich des Meeres«, sagte er. »Minibar in jedem Zimmer.«

Dobrindel und der hochgewachsene Elb stupsten dem uralten Ritus ihrer Rasse folgend die Nasen aneinander und tauschten Grußworte auf Elbisch aus. »Mobil essó aral dea Liquimoly«, sagte Dobrindel und sprang leichtfüßig von seinem Tier.

»Seat alhambra sanifair gehtmír genauso«, erwiderte der große Elb. Dann sagte er zu Stapfer gewandt: »Ich bin Elritz.«

»Agronom, Ergonoms Sohn, stehe zu Diensten«, stellte Stapfer sich vor und stieg unbeholfen ab.

»Und diese hier?«, fragte Elritz. Er zeigte auf die vier Torflinge, die auf ihren eingeschlafenen Reittieren eingeschlafen waren.

»Froyo samt Gefährten, sie sind Torflinge aus dem Augenland«, erklärte Stapfer.

Bei der Erwähnung seines Namens stieß Froyo laut auf und rutschte vom Schaf. Der Ring fiel aus seinem Hemd und rollte vor Elritzens Füße. Eines der Schafe kam herbeigetrabt, leckte daran und verwandelte sich in einen Hydranten.

»Oh«, murmelte Elritz und wankte ins Haus. Dobrindel folgte ihm in das kleine Gebäude, und von drinnen ertönte ein hitziger Wortwechsel auf Niederelbisch. Agronom horchte einen Moment lang hin, ging dann aber zu Spam, Mucki und Pipi und weckte sie mit einer Reihe von Tiefschlägen. Froyo hob den Ring auf und steckte ihn in die Tasche.

»Das ist also Lauerbach«, sagte er und rieb sich verwundert die Augen, als er die fremdartigen Elbenhäuser aus Stahlbonbon und Zuckergusseisen erblickte. »Guck mal, Herr Froyo«, meinte Spam und deutete auf die Straße. »Massenweise Elben. Boaaah, ich glaub, ich träum. Ich wünschte, der alte Dicklippe könnte mich jetzt sehen.«

»Ich wünschte, ich wäre tot«, quengelte Pipi.

»Ich auch«, bekräftigte Mucki.

»Hoffe mal, die gute Fee im Himmel erfüllt alle eure Wünsche«, sagte Spam.

»Wo ist bloß Sandalf?«, wunderte sich Froyo.

Dobrindel kam zurück auf die Veranda geschritten und holte eine kleine Blechpfeife hervor, auf der er einen einzigen, ohrenbetäubend unsauberen Ton blies, woraufhin die Schafe ziellos davonliefen.

»Einfach magisch«, seufzte Spam.

»Folgt mir«, forderte Dobrindel sie auf und führte Stapfer und die Torflinge über einen schmalen, schlammigen Pfad, der sich durch blühende Rotorengedröhn-Büsche und hoch aufragende Verzeichnisbäume schlängelte. Im Vorübergehen roch Froyo einen flüchtigen Duft von frisch gemähtem Heu, vermischt mit Bleiche und Senf, und aus der Ferne vernahm er das zarte, anrührende Schnarren einer Maultrommel und Fetzen eines Elbenlieds:

Atemlos urinal, bic ahoi Etage, ach ...!

Am Ende des Pfades stand ein kleiner Bungalow aus poliertem Halwa, umgeben von einem Beet aus Glasblumen. Dobrindel drehte den Dauerlutscher an der Tür und bat die Reisenden hinein. Sie fanden einen großen Raum vor, der das Häuschen ganz erfüllte. An den Wänden waren zahlreiche Betten angeordnet, die alle aussahen, als hätten perverse Kängurus kürzlich darin geschlafen, und in den Ecken standen ein paar seltsame Stühle und Tische, die von elbischer Handwerkskunst und känguruischer Trittstärke zeugten. In der Mitte des Raums stand ein großer Tisch, der übersät war mit den Überbleibseln dreier simultaner Canasta-Partien. In der Mitte aber stand eine Schale mit wächsernen Früchten, so kunstreich gefertigt, dass man sie auf fünfzig Schritt nicht mit echten verwechseln konnte. Das Obst verspeisten Mucki und Pipi sofort.

»Fühlt euch wie zu Hause«, sagte Dobrindel im Hinausgehen. »Check-out ist um drei.«

Stapfer ließ sich in einen Sessel fallen, der mit gedämpftem Knacken unter ihm nachgab.

Dobrindel war keine fünf Minuten weg, da klopfte es an der Tür, und Spam ging ziemlich genervt hin. »Egal ob jetzt Essen kommt oder nicht«, murmelte er, »ich hau rein.«

Er öffnete die Tür mit einem Ruck, und ein geheimnisvoller Fremder in einem langen grauen Umhang mit Kapuze kam zum Vorschein. Er trug eine dicke, schwarze Brille, an deren Brücke wenig überzeugend eine falsche Gumminase baumelte, dazu einen Schnurrbart aus Pappe, einen Wischmopp als Perücke und eine riesige, handbemalte Krawatte mit dem Bildnis einer Elbenjungfer. In seiner linken Hand hielt er ein 7er-Eisen, und an den Füßen trug er Badelatschen. Er paffte eine dicke Zigarre.

Spam schreckte erstaunt zurück, und Stapfer, Mucki, Pipi und Froyo riefen einstimmig: »Sandalf!«

Der Alte kam hereingeschlurft, legte seine Verkleidung ab und gab sich als der altbekannte Geistheiler und Falschspieler zu erkennen. »Sehet nur, ich bin es«, gestand der Zauberer und zupfte sich ein paar Strähnen aus dem Haar. Dann ging er herum und schüttelte allen kräftig die Hände, wobei er sie mit dem kleinen Elektroschocker schockte, den er stets in seiner Handfläche barg.

»Na dann«, sagte Sandalf, »da wären wir wieder.«

»Ich wäre lieber in einem Drachendarm«, schimpfte Froyo.

»Ich gehe mal davon aus, dass du *ihn* noch hast«, knurrte Sandalf und beäugte Froyo scharf.

»Meinst du den Ring?«

»Schweig«, befahl Sandalf mit lauter Stimme. »Sprich weder hier oder sonst wo vom Großen Ring. Wenn Saurums Spione herausfinden, dass du, Froyo Poplin, aus dem Augenland stammend, den Einen Ring besitzt, ist alles verloren. Und seine Spione sind überall. Die Neun Schwarzen Reiter sind wieder auf dem Kriegspfad, und auch die Acht Kostbarkeiten, die Lieben Sieben, die Sechs Zylinder und die Fünf Freunde mitsamt Hund sind angeblich gesehen worden. Sogar die Wände haben Ohren«, sagte er und deutete auf zwei riesige Ohrmuscheln, die hinter dem Kaminsims hervorlappten.

»Gibt es denn keine Hoffnung?«, keuchte Froyo. »Ist es denn nirgends sicher?«

»Wer weiß?«, sagte Sandalf, und ein Schatten schien seine Stirn zu umwölken. »Ich würde noch mehr sagen«, fuhr er fort, »doch ein Schatten scheint meine Stirn zu umwölken«, und damit wurde er merkwürdig still.

Froyo begann zu weinen, aber Stapfer beugte sich vor, legte ihm besänftigend die Hand auf die Schulter und sagte: »Fürchtet Euch nicht, mein lieber Torfling, ich werde bis zum Ende bei Euch sein, was auch geschehen mag.«

»Ich auch«, bekräftigte Spam und schlief ein.

»Wir auch«, ergänzten Mucki und Pipi gähnend.

Froyo blieb untröstlich.

Als die Torflinge von ihrem Nickerchen erwachten, waren Sandalf und Stapfer verschwunden, und der Mond schien goldbraun durch die Karamellfenster. Sie hatten die Gardinen aufgegessen und brachen gerade die Jalousien an, als Dobrindel zurückkehrte, in edelste Gaze gehüllt, und sie zu dem Hauptgebäude hinunterführte, das sie bei ihrer Ankunft gesehen hatten.

Es war groß und hell erleuchtet, und von innen drang großes Halli und Hallo in die Nacht hinaus. Als sie sich näherten, trat jedoch Stille ein, und dann durchschnitt das klagende, an Fingernägel auf Schiefertafel erinnernde Kreischen einer Nasenflöte die Luft.

»Die machen da drinnen einem Schwein zu schaffen«, sagte Spam und hielt sich die Ohren zu.

»Still«, befahl Froyo, und eine Stimme hob zu einem Lied an und erfüllte die Torflinge mit einem Anflug von Übelkeit.

O unicef Clearasil!
Qua unsinn Aronal.
Und abends elmex Endemie,
Javaanse jongens knall.

Palim, palim, Zeremoniell,
Etherium sogar!
Ibuprofen, oh Kellertür,
Jenever wunderbar.

Mit einem letzten klagenden Jauchzer verstummte die Musik, und ein halbes Dutzend betäubter Vögel plumpste vor Froyos Füßen zu Boden.

»Was war das?«, fragte Froyo.

»Ein uraltes Klagelied in der Sprache der Urelben«, seufzte Dobrindel. »Es kündet von Aronal und seiner langen und erbitterten Suche nach einer sauberen Toilette. ›Gibt es hier keine Sanitäranlagen?‹, klagt er, ›keinen Abort gar?‹ Und niemand weiß Antwort.«

Also sprach Dobrindel und führte die Torflinge in das Haus von Elritz. Sie fanden sich in einer langen Halle mit hohem Gebälk wieder, in deren Mitte ein endloser Tisch stand. Am Ende der Halle befand sich ein riesiger Kaminsims aus Eichenholz, und hoch oben hingen Kronleuchter aus Messing, in denen feine Kerzen aus Ohrenschmalz flackerten. Am Tisch hatte sich das übliche Treib- und Strandgut von Intererde angesammelt: Elben, Feen, Marsmenschen, mehrere Frösche, Zwerge und Wichtel, ein paar Quotenmenschen, eine Handvoll Verschwörungsmythen mit Sonnenbrillen, zwei von den Zeugen Jehovas bekehrte Kobolde und ein übergelaufener Drache.

Am Kopfende saßen Elritz und seine Elbendame Lycra, die in ein Tuch von strahlender Pracht und hohem Stretchanteil gewandet war. Tot sahen sie aus, und doch waren sie es nicht, denn Froyo sah, dass ihre Augen wie nasse Pilze glänzten. Gebleicht war ihr Haar, sodass es wie Silbereisen schimmerte, und ihre Gesichter waren so weiß und nicht schwarz wie die Oberfläche des Mondes. Um sie herum funkelten Magnate, Jasmine und Amaranthe wie die Sternlein. Auf ihren Köpfen saßen seidene Lampenschirme, und auf ihren Stirnen stand vieles geschrieben, gleichermaßen Gutes wie Ungutes, etwa »Aufwachen, ihr Schlafschafe!« oder »Männer sind Schweine, Frauen aber auch«. Sie schliefen.

Links von Elritz saß Sandalf mit einer gefiederten Kappe auf dem Kopf, die ihn als Freimaurer 32. Grades und ehemaligen Karnevalsprinzen auswies. Rechts von ihm saß Stapfer, der die weiße Lodentracht der Parkwächtergilde trug. Froyo wurde zu einem Platz ungefähr in der Mitte des Tisches geführt, wo er zwischen einem ungewöhnlich deformierten Zwerg und einem Elben Platz fand, der nach Vogelnest roch. Mucki und Pipi dagegen setzte man zusammen mit dem Osterhasen und der Zahnfee an den Kindertisch in der Ecke.

Wie die meisten Fabelwesen, die ohne eigenes Einkommen in Zauberwäldern hausten, tafelten die Elben ziemlich sparsam, und Froyo fand zu seiner Enttäuschung auf seinem Teller nur ein Häufchen gemahlene Nüsse, Rinde und Humus vor. Zwar war er wie jeder Torfling in der Lage, alles zu essen, was mit oder ohne Gewalt durch seinen Schlund passte, aber am liebsten waren ihm Gerichte, die sich nicht wehrten, denn selbst eine halbgare Maus besiegte einen Torfling in zwei von drei Fällen.

Kaum war er mit dem Essen fertig, da drehte sich der zu seiner Rechten sitzende Zwerg zu ihm um und streckte zur Begrüßung eine extrem schuppige Hand aus. *Wenn's am Ende des Arms ist,* dachte Froyo und ergriff sie nervös, *ist es wohl eine Hand.*

»Gimik, Sohn des Yps, zu Euren Diensten«, stellte sich der Zwerg vor und verneigte sich, sodass sein Buckel sichtbar wurde. »Möget Ihr immer billig ein- und teuer verkaufen.«

»Froyo, Sohn des Dildo, gleichfalls«, sagte Froyo etwas unsicher und zerbrach sich den Kopf über die richtige Erwiderung. »Mögen Eure Hämorrhoiden ohne Eingriff schrumpfen.«

Der Zwerg wirkte überrascht, aber nicht gekränkt. »Dann seid Ihr also der Torfling, von dem Sandalf gesprochen hat, der Ringster?«

Froyo nickte.

»Habt Ihr *ihn* bei Euch?«

»Wollt Ihr ihn sehen?«, fragte Froyo höflich.

»Nee, danke«, sagte Gimik, »ein Onkel von mir hatte eine magische Krawattennadel, und einmal ist ihm beim Niesen die Nase abgefallen.«

Froyo fasste sich ängstlich ans Nasenloch.

»Verzeiht, dass ich unterbreche«, sagte der Elb zu seiner Linken und spuckte dem Zwerg gezielt ins linke Auge, »aber ich konnte nicht umhin, Euer Gespräch mit Fuzzy zu belauschen. Seid Ihr wirklich der Torfling mit dem Schmuckstück?«

»Bin ich«, erwiderte Froyo und nieste heftig.

»Gestatten«, sagte der Elb und reichte Froyo, der inzwischen unkontrolliert nieste, Gimiks Bart. »Ich bin Ligerad von den Elben des nördlichen Waidwaldes.«

»Elbenhund«, zischte Gimik und riss seinen Bart an sich.

»Zwergenschwein«, erwiderte Ligerad.

»Spielzeugmacher.«

»Goldgräber.«

»Schwuchtel.«

»Spast.«

»Mögt Ihr vielleicht einen Witz oder ein Lied hören oder so?«, sagte Froyo zunehmend besorgt. »Kommt ein Wanderdrache zu einem Bauernhaus. Sagt der Bauer ...«

»Ein Lied«, stimmten Gimik und Ligerad überein.

»Aber gern«, meinte Froyo und versuchte verzweifelt, sich an ein paar von Dildos Knittelversen zu erinnern. Dann begann er mit quiekiger Stimme zu singen:

Ein Elbenkönig lebte einst,
Vinyliden sein Name,
Der schlug die Orks bei Mellomarsch
Zu Saurums großem Grame.

Zu Hilfe kam aus Berges Grund
das Zwergenvolk sogar,
Doch als die Schlacht am Toben war,
Da machten sie sich rar.

Refrain: Rar, rar, rar,
Da machten sie sich rar.

Der stehn gelass'ne Oberelb
Rief mit gerechtem Ärger:
»Ihr werdet meine Rache spür'n,
Ihr feigen, fetten Zwerger.«
Um Zwergenarsch vor Elbenwut
Womöglich zu verschonen,
Beschloss der schlaue Zwergenfürst,
Ein Schmiergeld tät sich lohnen.

Refrain: Schmier, schmier, schmier,
Ein Schmiergeld tät sich lohnen.

»Bezweifelt Ihr«, so sprach der Zwerg,
»Der Nibelungen Treue?
So nehmet denn dies Schwert als Pfand,
Dies messerscharfe, neue.
Sein Name der ist Clearasil,
Es stammt aus uns'ren Truhen.
Nehmt es doch als Bestechung an
Und lasst Vergang'nes ruhen.«

Refrain: Ruhen, ruhen, ruhen,
Und lasst Vergangnes ruhen.

»Habt Dank für dieses Wunderding.
Ihr Zwerge seid auf Zack«,
So sprach der Elb und nahm das Schwert
und hieb ihm ab den Sack.
Geschrieben steht seitdem das Wort
prosaisch wie poetisch:
Trau einem Elb, trau einem Zwerg
Nur grad so viel wie noetisch.

Refrain: Nur, nur, nur,
Nur grad so viel wie noetisch.

Gerade als Froyo fertig war, stand Elritz plötzlich auf und bat um Ruhe. »Im Feensaal gibt's Karaoke«, sagte er, und das Festmahl war zu Ende.

Froyo wollte gerade zu Muckis und Pipis Tisch hinübergehen, als eine knochige Hand aus einer Zimmerlinde hervorkam und seine Schulter ergriff. »Komm mit«, sagte Sandalf, schob einen Zweig beiseite und führte den überrumpelten Torfling einen Flur entlang und in einen kleinen Raum, der fast vollständig von einem riesigen Glastisch eingenommen wurde. Elritz und Stapfer hatten bereits Platz genommen, und auch Froyo und Sandalf setzten sich. Zu Froyos Erstaunen traten auch seine Tischgenossen Gimik und Ligerad ein und ließen sich auf gegenüberliegenden Seiten des Tisches nieder. Ihnen folgte auf dem Fuß ein stämmiger Mann in schillernder Karottenhose und spitzen Schuhen. Als Letztes trat eine kleine Gestalt in knallbuntem Hawaiihemd ein, im Mund eine stinkende Elbenzigarre und unter dem Arm ein Scrabble-Spiel.

»Dildo!«, rief Froyo.

»Ah, Froyo, mein Junge«, sagte Dildo und schlug Froyo mit Wucht auf den Rücken, »du hast es also doch geschafft. Mann, Mann, Mann.«

Elritz streckte seine feuchte Hand aus, und Dildo kramte ein Bündel zerknitterter Geldscheine aus der Tasche.

»Zwei, oder?«, sagte er.

»Zehn«, erwiderte Elritz.

»Stimmt ja, stimmt ja«, murmelte Dildo und ließ die Geldscheine in die Hand des Elben fallen.

»Die Party ist so lange her«, sagte Froyo. »Was hast du getrieben?«

»Nicht viel«, meinte der alte Torfling. »Bisschen Scrabble, bisschen Trolle poppen. Was man als Rentner so macht.«

»Aber worum geht es hier eigentlich? Wer sind diese Schwarzen Reiter, und was wollen die von mir? Und was hat der Ring damit zu tun?«

»Viel und wenig, mehr oder minder, lieber Torfling«, erklärte Elritz. »Aber alles zu seiner Zeit. Dieses Große Gremium wurde einberufen, um solche und andere Fragen zu klären, aber alldieweil will ich nur sagen, dass allerorten allerhand am Start ist.«

»Allerdings«, bekräftigte Sandalf ernst. »Das unnennbare No-Go ist auf dem Vormarsch, und es ist an der Zeit zu handeln. Froyo, den Ring, bitte.«

Froyo nickte und zog die Büroklammerkette Glied für Glied aus dem Hemd. Dann warf er das tödliche Kleinod in kurzem Bogen auf den Tisch, wo es mit blechernem Klingeling landete.

Elritz schnappte nach Luft. »Das magische Dingsbums«, rief er aus.

»Gibt es einen Beweis dafür, dass das der Ring ist?«, fragte der Mann mit den spitzen Schuhen.

»Es sind Zeichen daran, welche die Weisen lesen können, Borgemir«, verkündete der Zauberer. »Der Kompass, die Pfeife, der magische Decoder, alles vorhanden. Und dann die Inschrift:

Grundig blaupûnkt luger frûg
Watusi snarf Kazoo!
Nixon Dirksen Nâsahist
Rebôzo Boogaloo.«

Sandalfs Stimme war schroff und eiskalt geworden. Eine bedrohliche schwarze Wolke erfüllte den Raum. Froyo würgte an dem dicken, öligen Rauch.

»War das nötig?«, fragte Ligerad und kickte die immer noch sprudelnde Nebelbombe des Zauberers zur Tür hinaus.

»Zu Ringen passt Hokuspokus«, erwiderte Sandalf herrisch.

»Aber was bedeutet das?«, fragte Borgemir leicht gereizt, da er ständig als »der Mann mit den spitzen Schuhen« bezeichnet wurde.

»Es gibt vielerlei Deutungen«, erklärte Sandalf. »Vermutlich heißt es entweder ›Lorem ipsum‹ und so weiter oder ›Gib Gates keine Chance!‹« Niemand sprach, und eine merkwürdige Stille senkte sich.

Schließlich erhob sich Borgemir und wandte sich ans Gremium. »Vieles ist jetzt klargeworden«, sagte er. »Eines Nachts in Minas Trone hatte ich einen Traum, darin aßen sieben Kühe sieben Scheffel Weizen, und als sie fertig waren, kletterten sie auf einen roten Turm, erbrachen sich dreimal und sangen: ›*Er gehört zu mir wie mein Name an der Tür.*‹ Und dann trat eine weiß gekleidete Gestalt mit einer Waage vor und las von einem kleinen Zettel ab:

Eins siebzig groß und achtzig schwer,
Ab Seite 113 lebst du nicht mehr.

»Ein ernstes Zeichen«, sagte Elritz.

»Nun«, meinte Stapfer, »es ist wohl an der Zeit, dass wir alle die Karten auf den Tisch legen«, und damit kippte er lautstark den Inhalt einer verblichenen Reisetasche vor sich aus. Als er fertig war, lag dort ein großer Haufen seltsamer Wunderdinge, darunter ein geborstenes Schwert, der Malteser Falke, eine Schneekugel, der Heilige Gral und das Goldene Vlies, zwei Horkruxe, ein Splitter vom Kreuze Christi und ein funktionierender Tintenstrahldrucker.

»Agronom, Ergonoms Sohn, Erbe von Isotóp und König von Minas Trone, zu Diensten«, sagte er ziemlich laut.

Borgemir blickte auf die Zahl am unteren Seitenrand und zuckte zusammen. »Noch mindestens ein Kapitel«, stöhnte er.

»Dann gehört der Ring ja dir«, rief Froyo und warf ihn eifrig in Agronoms Hut.

»Nun, nicht ganz«, sprach Agronom und ließ den Ring an der Büroklammerkette baumeln. »Da ihm übernatürliche Kräfte innewohnen, gehört er eher in die esoterische Ecke. Zu einem Zauberer zum Beispiel.« Sorgfältig schob er den Ring über das Ende von Sandalfs Zauberstab.

»Ach ja, wahrlich und wahrhaftig«, sagte Sandalf schnell. »Das heißt ja und nein. Oder vielleicht einfach nein. Denn wie jeder Narr erkennen kann, ist dies ein klarer Fall von *Habeas corpus* oder *Tibia fibia*, denn auch wenn dieser Talisman an und für sich das Werk eines Zauberers ist, Saurums Werk, um genau zu sein, wurden die Ringe doch von Elben erfunden.«

Elritz nahm das Schmuckstück entgegen, als wäre es eine aufgebrachte Vogelspinne. »Nein«, sagte er ernst, »ich kann dieses große Gut nicht beanspruchen, denn es heißt ja: ›Finderglück, Verliererpech.‹« Er wischte eine unsichtbare Träne fort und legte die Kette um Dildos Hals.

»Und es heißt auch: ›Schlafende Hunde soll man nicht wecken‹«, sagte Dildo und steckte ihn in Froyos Tasche.

»Damit ist es entschieden«, tönte Elritz. »Froyo Poplin möge den Ring behalten.«

»Poplin?«, sagte Ligerad. »Poplin? Wie merkwürdig. Im Waidwald hat ein fieser kleiner Clown namens Schmollum auf Händen und Knien herumgeschnüffelt und nach einem ›Mr. Poplin‹ gesucht. Irgendwie seltsam.«

»Komisch«, ergänzte Gimik. »Letztens kam eine Rotte schwarzer Riesen auf Riesenschweinen durch die Berge geritten, auf der Suche nach einem ›Torfling namens Poplin‹. Hab mir nichts dabei gedacht.«

»Auch das ist ein ernstes Zeichen«, erklärte Elritz. »Es ist nur eine Frage der Zeit, bis sie hierherkommen«, sagte er, zog sich einen Schal über den Kopf und sprach in dem Tonfall, in dem man Haie beschwichtigt, »und wir als neutrale Schweiz hätten keine Wahl …«

Froyo erschauderte.

»Der Ring und sein Träger müssen von hier verschwinden«, stimmte Sandalf zu, »aber wohin? Wer soll ihn hüten?«

»Die Elben«, sagte Gimik vor.

»Die Zwerge«, sagte Ligerad.

»Die Zauberer«, sagte Agronom.

»Die Menschen von Gondídor«, sagte Sandalf.

»Bleibt nur noch Morrrdistan«, sagte Elritz. »Aber nicht mal ein zurückgebliebener Troll würde dorthin gehen.«

»Nicht mal ein Zwerg«, gab Ligerad zu.

Froyo spürte plötzlich, dass alle Augen auf ihn gerichtet waren. »Können wir ihn nicht einfach in einen Gully werfen oder verpfänden und den Pfandschein aufessen?«, fragte er.

»Ach«, sagte Sandalf feierlich, »so einfach ist das nicht.«

»Aber warum?«

»Ach«, erläuterte Sandalf.

»Ach, ach, ach«, fügte Elritz hinzu.

»Aber keine Angst, mein lieber Torfling«, fuhr Elritz fort, »du sollst nicht allein gehen.«

»Der gute alte Gimik kommt mit«, sagte Ligerad.

»Und der furchtlose Ligerad«, sagte Gimik.

»Und der edle König Agronom«, sagte Borgemir.

»Und der treue Borgemir«, sagte Agronom.

»Auch Mucki, Pipi und Spam«, sagte Dildo.

»Und Sandalf der Saubere«, fügte Elritz hinzu.

»In der Tat«, bestätigte Sandalf und funkelte Elritz an, und wenn Blicke löten könnten, hätte man den alten Elb auf einer Platine hinausgetragen.

»So sei es. Ihr werdet gehen, sobald die Vorzeichen günstig sind«, sagte Elritz mit einem Blick auf sein Armbandhoroskop, »und wenn ich mich nicht sehr irre, sind sie in einer halben Stunde optimal.«

»Ich wünschte, ich wäre nie geboren worden«, stöhnte Froyo.

»Sagt das nicht, lieber Froyo«, rief Elritz, »denn Eure Geburt war für uns alle ein Glücksfall.«

»Na, dann heißt es offenbar ›lebe wohl‹«, sagte Dildo und nahm Froyo beiseite, als sie den Sitzungssaal verließen. »Oder soll ich lieber auf Wiedersehen sagen? Nein, ›lebe wohl‹ trifft die Sache ganz gut.«

»Lebe wohl, Dildo«, sagte Froyo und unterdrückte ein Schluchzen. »Ich wünschte, du würdest mitkommen.«

»Nur zu gern. Aber für so etwas bin ich leider zu alt«, sagte der rüstige Torfling und täuschte eine Querschnittslähmung vor. »Jedenfalls habe ich ein paar Mitgebsel für dich.«

Er holte ein Bündel hervor, das Froyo eher lustlos öffnete, da er an Dildos letztes Abschiedsgeschenk dachte. Aber das Paket enthielt nur ein kurzes Fiskars-Kurzschwert, einen silbern angesprühten Strickpulli und mehrere abgegriffene Heftromane mit Titeln wie *Elbenlust* oder *Trollgirls*.

»Lebe wohl, Froyo«, sagte Dildo und brachte einen sehr überzeugenden epileptischen Anfall zustande. »Es liegt jetzt in deiner Hand …« – keuch, zitter – »... oh Welt, ich muss dich lassen, ohhh,, ohhh …«

»Lebe wohl, Dildo«, sagte Froyo, winkte zum Abschied und ging hinaus, um sich der Gesellschaft anzuschließen.

Kaum war er verschwunden, da sprang Dildo leichtfüßig auf und hüpfte in die Festhalle, ein kleines Lied auf den Lippen:

Beim Nasebohr'n, beim Nasebohr'n
Da träum ich allenthalben
Von Zwergen, untenrum geschor'n,
Und glatt rasierten Alben.

Beim Nasebohr'n, beim Nasebohr'n
Da krieg ich Appetit
Auf Latex-Orks und Kobold-Porn.
O, dass mich niemand sieht!

Beim Nasebohr'n, beim Nasebohr'n
Da kommt mir in den Sinn,
Dass ich mit meinen Segelohr'n
Jemandes Fetisch bin.

Beim Nasebohr'n, beim Nasebohr'n
Da wünsch ich mir ganz doll
Als Liebhaber und Mentor 'n
Sex-positiven Troll.

»Es schmerzt mich, Euch so früh aufbrechen zu sehen«, sagte Elritz schnell, als sich die Truppe etwa zwanzig Minuten später um die Packschafe versammelte. »Aber der Schatten wächst an, und die Reise ist lang. Beginnt sie am besten sogleich, da es Nacht ist. Der Feind hat überall Augen.« Und während er sprach, rutschte ein großer, behaarter Augapfel von seinem Aussichtsplatz in einer Baumkrone und fiel mit unheilverkündendem Platschen zu Boden.

Agronom zog Nirosta, das geborstene Schwert, das inzwischen hastig geklebt worden war, und schwenkte es über dem Kopf.

»Voran«, rief er, »auf nach Morrrdistan!«

»Lebet wohl, lebet wohl«, sagte Elritz ungeduldig.

»Excelsior«, rief Borgemir und blies heftig auf seiner Entenpfeife.

»Sayonara«, verabschiedete sich Elritz. »Aloha. Avanti. Ahoi.«

»Kodak khaki Kumquat«, erwiderte Gimik.

»Dale a tu cuerpo alegría, Macarena«, deklamierte Ligerad.

»Vivaro«, bekräftigte Sandalf und schwang seinen Zauberstab.

»Ich muss Kacki«, sagte Pipi.

»Ich auch«, nuschelte Mucki.

»Ich kack auf euch beide«, schimpfte Spam und griff nach einem Stein.

»Los geht's«, sagte Froyo, und die Truppe ritt im Schritt von Lauerbach fort. In wenigen Stunden hatten sie mehrere Hundert Fuß zwischen sich und das Haupthaus gebracht, wo Elritz immer noch in ein Lächeln gehüllt stand. Als die Truppe die erste leichte Anhöhe überwand, drehte Froyo sich um und blickte auf Lauerbach zurück. Irgendwo in der schwarzen Ferne lag das Augenland, und er verspürte eine große Sehnsucht nach Heimkehr, ähnlich einem Hund, dem seine längst vergessene Kotze wieder einfällt.

Während er zurückblickte, ging der Mond auf, es gab einen Meteoritenschauer und ein Nordlicht, ein Hahn krähte dreimal, es donnerte, ein Schwarm Gänse flog in Hakenkreuzformation vorüber, und eine riesige Hand schrieb in riesigen silbernen Lettern »Mene, mene, was geht ab?« an den Himmel. Plötzlich hatte Froyo das überwältigende Gefühl, an einem Wendepunkt angelangt zu sein, ein altes Kapitel seines Lebens zuzuschlagen und ein neues zu beginnen. »Abmarsch, du Scheusal«, sagte er und trat seinem Lasttier in die Nieren, und während der Vierbeiner mit dem Schwanz voran in die Schwärze des Ostens zockelte, schallte aus der Tiefe des Waldes das kurze, laute Reihern eines großen Vogels.

V
MANCHERLEI MONSTER

Viele Tage lang reiste die Gesellschaft nach Süden und verließ sich dabei in Sachen Wegführung auf die Augen des Waldhüters Agronom, auf die scharfen Ohren der Torflinge und auf Sandalfs Weisheit. 14 Tage nach ihrer Abreise erreichten sie eine große Wegkreuzung und hielten an, um zu entscheiden, wie sie die hoch aufragenden Klebeberge am besten überqueren könnten.

Agronom blinzelte in die Ferne. »Sehet dort das fürchterliche Metahorn«, sagte er und deutete auf einen großen Meilenstein in hundert Schritt Entfernung.

»Dann müssen wir nach Osten«, sagte Sandalf und deutete mit dem Zauberstab dorthin, wo die Sonne rot im Wolkenmeer versank.

Eine Ente flog laut schnatternd vorbei. »Wölfe«, rief Pipi und horchte angestrengt dem verhallenden Quaken hinterher.

»Am besten schlagen wir hier unser Nachtlager auf«, sagte Agronom, ließ seinen Rucksack auf den Boden krachen und zerquetschte dabei versehentlich eine Kobra. »Morgen müssen wir den Pass über die Berge suchen.«

Ein paar Minuten später saß die Truppe mitten auf der Kreuzung um ein helles Feuer herum, über dem eines von Sandalfs Showkaninchen lustig brutzelte. »Das nenn ich mal'n richtiges Feuerchen«, sagte Spam und warf eine Klapperschlange in die tanzenden Flammen. »Das wird uns die Kackwölfe vom Herrn Pipi schön vom Hals halten.«

»So'n Wolf müsste schon arg verhungert sein, um einen Kackhaufen wie dich zu fressen«, keifte Pipi und schmiss mit einem

Stein, der Spam um mehrere Fuß verfehlte und einen Berglöwen k. o. schlug. Keiner der Gefährten sah jedoch den hoch über ihren Köpfen kreisenden Anführer einer Schar schwarzer Späherkrähen, der durch sein Fernglas spähte und in der rauen Sprache seiner Gattung fluchend dem Knickebein abschwor.

»Wo sind wir und wohin gehen wir?«, fragte Froyo.

»Wir stehen vor einer großen Wegscheide«, antwortete der Zauberer, zog einen ramponierten Sextanten aus seinem Gewand und peilte damit den Mond, Agronoms Cowboyhut und Gimiks Oberlippe an. »Bald werden wir einen Berg oder einen Fluss überqueren oder in ein anderes Land gelangen«, stellte er fest.

Agronom schritt zu Froyo hinüber.

»Fürchtet Euch nicht«, sagte er und ließ sich auf einem Wolf nieder, »wir führen Euch sicher dorthin.«

Der nächste Tag brach klar und hell an, wie so oft bei schönem Wetter, und die Stimmung der Reisegesellschaft hob sich merklich. Nach einem kargen Frühstück aus Milch und Honig machten sie sich im Gänsemarsch hinter Agronom und Sandalf auf den Weg. Spam bildete das Schlusslicht hinter den Packschafen, die er mit der bei Torflingen üblichen Zuneigung für wuschelige Tiere bedachte.

»Oh, jetzt noch etwas Minzsoße«, klagte er.

Die Truppe wanderte viele Werst[11] entlang der breiten, gut gepflasterten Schnellstraße, die ostwärts zum Käsefuß der Kleberge führte, und später am Nachmittag erreichten sie die ersten kniehohen Erhebungen. Die Straße verschwand dort abrupt unter einem Schutthaufen und den Ruinen einer alten Mautstelle. Dahinter begann ein kurzes, steiles, kohlrabenschwarzes Tal, das sich bedrohlich bis zu den felsigen Berghängen erstreckte. Agronom gab das Zeichen zum Anhalten, und zusammen betrachtete man die abweisende Aussicht.

---

11 Ein Werst misst ungefähr drei Meilen oder einen Knoten weniger als ein Morgen.

»Dies ist ein Ort des Bösen, fürchte ich«, sprach Agronom und rutschte auf der klebrigen schwarzen Farbe aus, die lückenlos die Landschaft bedeckte.

»Es ist das Schwarze Tal«, sagte Sandalf ernst.

»Sind wir schon in Morrrdistan?«, fragte Froyo hoffnungsvoll.

»Sprich in diesem schwarzen Land nicht von jenem schwarzen Land«, mahnte der Zauberer schwärzlich. »Nein, hier ist nicht Morrr-distan, aber das Land scheint vom Feind aller Geradeausdenkenden angefasst worden zu sein.«

Während sie dastanden und über das trostlose Tal hinwegblickten, erschallte Wolfsgeheul, Bärengebrüll und Geiergeschrei.

»Still ist's«, sagte Gimik.

»Allzu still«, warnte Ligerad.

»Hier können wir nicht bleiben«, meinte Agronom.

»Nein«, stimmte Borgemir zu und blickte besorgt über das Papier der Seite hinweg auf die dickere Buchhälfte in deiner rechten Hand. »Wir haben noch einen langen Weg vor uns.«

Nachdem sie über eine Stunde lang den steilen, mit Felsen über-säten Abhang hinabgestapft waren, kam die Gruppe erschöpft und geschwärzt an einem langen Felsgesims an, das zwischen einer stei-len Felswand und einem Tümpel entlangführte, dessen Oberfläche vollständig mit einem dicken Ölteppich bedeckt war. Sie sahen zu, wie ein großer, schwerfälliger Wasservogel mit einem leisen Plopp im fauligen Wasser landete und sich auflöste.

»Eilen wir weiter«, sagte Sandalf. »Der Pass kann nicht mehr weit sein.« Damit ging er um einen steinernen Grat herum, der vor ihnen in das Gewässer hineinragte und den Rest des Berghangs verdeckte. Das Gesims wurde schmaler an der Stelle, wo es sich um den Fels-vorsprung schlängelte, und die Truppe musste sich Stück für Stück vorbeiquetschen. Als sie die Biegung passiert hatten, standen sie vor einer Bergwand, die über Hunderte von Fuß senkrecht emporragte. In die Felswand war der Eingang zu einer unterirdischen Höhle gehauen, raffiniert verborgen hinter einer riesigen eichenen Flügeltür mit riesigen schmiedeeisernen Scharnieren und einer riesigen Klinke. Das Tor war mit einem seltsamen Schwur in zierlichen Zwergenrunen beschriftet und so passgenau gearbeitet, dass der schmale Spalt zwischen Holz und Fels aus dreißig Schritt Entfernung völlig unsichtbar war. Die Inschrift lautete:

FERGUS ABER SPRACH:
DIES SOLL MEINE REGEL SEIN,
WONACH ICH MEIN LEBEN RICHTEN
WERDE ALS EIN LEUCHTENDES BEISPIEL
FÜR TUGEND UND VORTREFFLICHKEIT,
DAS ALL JENEN ALS HEILIGES VORBILD
DIENEN SOLL, DIE SO WEISE SIND,
IHM ZU FOLGEN.
MEINE REGEL SOLL WIE GANZ GALLIEN
IN DREI TEILE GETEILT SEIN.
ZUM ERSTEN WERDE ICH MICH IMMER
DARAUF BESCHRÄNKEN, MICH UM MEINE
EIGENEN ANGELEGENHEITEN ZU KÜMMERN.
ZWEITENS WERDE ICH MICH JEDERZEIT
UND ÜBERALL BEMÜHEN, MEINE NASE
TUNLICHST AUS ALLEM RAUSZUHALTEN.
DRITTENS UND LETZTENS WERDE ICH
MICH IMMER AUFS ÄUSSERSTE
BEFLEISSIGEN, NIE JEMANDEM UNTER
DIE ARME ZU GREIFEN.

Agronom schnappte nach Luft. »Die Schwarze Grube«, rief er.

»Ja«, sagte Gimik, »das sagenumwobene Nikon-Zoom meines Vorfahren Fergus Fielgeflohn.«

»Meidet das tiefe Monika, den Fluch aller lebendigen Nippel«, warnte Ligerad.

»Aber wo ist der Pass?«, fragte Froyo.

»Das Weichbild des Landes hat sich verändert, seit ich das letzte Mal in dieser Gegend war«, sagte Sandalf schnell, »und wir sind, womöglich vom Schicksal, ein bisschen in die Irre geführt worden.«

»Es wäre wohl klüger, den Pass doch noch zu finden«, sprach Agronom. »Er kann nicht weit sein.«

»Dreihundert Kilometer plus oder minus einen Groschen«, sagte Sandalf leicht verlegen, und noch während er sprach, glitt das schmale Felsgesims, das zurück ins Tal führte, mit leisem Grunzen in den trüben Tümpel.

»Damit wäre das erledigt«, sagte Borgemir gereizt. »Huhu«, rief er, »komm doch und friss uns«, und aus weiter Ferne schallte eine tiefe Stimme: »Mach ich.«

»Es ist in der Tat ein schlimmes Schicksal, das uns hierhergeführt hat«, sprach Agronom, »oder ein bekloppter Zauberer.«

Sandalf blieb gefasst. »Wir müssen den Zauberspruch finden, der dieses Tor öffnet, und zwar bald. Es wird schon dunkel.« Damit hob er seinen Zauberstab und rief: »Glurak gengar bisasam pikachu.«

Das Tor blieb verschlossen, und Froyo warf einen nervösen Blick auf die Blubberblasen, die im Tümpel aufzusteigen begonnen hatten.

»Hätte ich doch nur auf Onkel Popo gehört und Zahnmedizin studiert«, jammerte Pipi.

»Wäre ich bloß zu Hause geblieben, dann würde ich jetzt richtig Kohle mit CBD-Öl machen«, schniefte Mucki.

»Und wenn ich zehn Pfund Zement und ein paar Säcke hätte, hätt ich euch beide auf diesem Teich spazieren geschickt«, sagte Spam.

Sandalf hockte niedergeschlagen vor dem widerspenstigen Portal und murmelte Zaubersprüche. »Cargo«, tönte er und schlug mit dem Zauberstab gegen das Tor. »Bitumen. Laszlo. Corega-Tabs mit Bioformel.«

Das Tor gab ein hohles Dröhnen von sich, machte aber keine Anstalten, sich zu öffnen.

»Es sieht schlimm aus«, sprach Agronom.

Plötzlich sprang der Zauberer auf. »Die Klinke«, rief er, führte sein Packschaf zum Tor, stellte sich auf dessen Rücken auf die Zehenspitzen und zog mit beiden Händen an der Klinke. Sie gab nach, und mit einem lauten Quietschen schwang die Tür einen Spalt weit auf.

Sandalf stieg schnell vom Schaf, und Agronom und Borgemir zerrten die Tür ein paar Zentimeter weiter auf. Im selben Moment stieg ein lautes Gurgeln und Rülpsen aus der Mitte des Tümpels auf und ein gewaltiges Kordsamt-Monster kam mit einem lauten Schluckauf langsam an die Oberfläche.

Die Gesellschaft blieb vor Schreck wie angewurzelt stehen. Das Wesen war etwa 15 Meter groß und voller Synonyme, es hatte lange, herabhängende Partizipien und einen beeindruckenden Wortschatz.

»Wehe uns!«, rief Ligerad. »Ein Thesaurus Rex!«

»Zerkauen!«, brüllte das Monster. »Zerbeißen, zerfleischen, zermalmen. Siehe auch zerstören.«

»Schnell«, rief Sandalf, »in die Höhle!« Sofort schlüpfte einer nach dem anderen eilig durch den schmalen Spalt. Zuletzt versuchte Spam noch, sein bockendes Schaf durch die Öffnung zu quetschen. Nach zwei verzweifelten, erfolglosen Versuchen hob er den störrischen Pflanzenfresser hoch und schmiss ihn mit Schmackes in das klaffende Maul der Bestie.

»Essbar«, sagte die scheußliche Kreatur, während sie das Schaf an allen Endungen durchdeklinierte, »bekömmlich, genießbar, verdaulich. Siehe auch lecker.«

»Hoffentlich erstickst du dran«, sagte Spam verbittert, und vor seinem geistigen Auge flatterte eine geflügelte Lammhaxe davon. Er zwängte sich durch den Türspalt und schloss sich in der Höhle dem Rest der Gesellschaft an.

Mit einem Rülpser, der den Boden erbeben ließ und die Luft mit einem Duft erfüllte, wie man ihn von der Entdeckung längst vergessener Wurstbrote kennt, knallte das wortreiche Biest das Tor zu. Der schwere Knall hallte durch die Tiefen des Berges, und die kleine Gruppe befand sich in völliger Finsternis.

Sandalf zog hastig einen Feuerstein aus seinem Gewand, schlug damit Funken aus der Felswand, die sein Zippo-Feuerzeug entzündeten, sodass er mit diesem einen Flammenwerfer in Gang setzen konnte und mit dessen Hilfe wiederum die Spitze seines Zauberstabs zum Glimmen brachte. So entstand nach einer Viertelstunde ein flackerndes Leuchten, das etwa halb so hell war wie ein krankes Glühwürmchen.

»Einfach magisch«, sagte Borgemir.

Der Zauberer spähte nach vorn in die Schwärze, und als er erkannte, dass es nur einen möglichen Weg gab, nämlich treppauf, ging er voran in die tiefe Dunkelheit.

Sie stiegen eine beträchtliche Strecke in den Berg hinein. Der Gang führte vom Tor aus zuerst viele Stufen empor, dann aber hauptsächlich bergab mit zahlreichen Richtungswechseln, bis die Luft ziemlich heiß und stickig und die Gesellschaft ziemlich verwirrt war. Es gab immer noch keine Lichtquelle außer Sandalfs knisterndem Zauberstab, und zu hören war nichts außer den unheimlichen Schritten irgendwelcher Verfolger, dem schweren Atmen von Nordkoreanern, dem Rattern von Kaugummiautomaten und dem üblichen Lärm unterirdischer, lichtloser Orte.

Schließlich kamen sie an eine Stelle, wo sich der Gang in zwei Gänge gabelte, die beide nach unten führten, und Sandalf gab das Signal zum Stillstehen. Das bedrohliche Gurgeln und jenseitige Zwitschern, das sie umgab, ließ vermuten, dass die vier apokalyptischen Reiter keine Armlänge entfernt ein Kaffeekränzchen abhielten.

»Teilen wir uns auf«, sagte Borgemir.

»Ich hab mir den Fuß verstaucht«, jammerte Pipi.

»Was immer ihr tut, tut es lautlos«, mahnte Agronom.

»HATSCHI!«, nieste Mucki mit Wucht.

»Nun, hier ist mein Plan«, sagte Sandalf.

»Kugeln werden sie nicht aufhalten«, mutmaßte Borgemir.

»Was auch geschehen mag«, warnte Agronom, »wir müssen wachsam bleiben.«

Wie ein Mann schlief die Truppe ein.

Als sie erwachten, war alles wieder still, und nach einer hastigen Mahlzeit aus Kuchen und Bier wandten sie sich der Frage zu, welchen Weg sie einschlagen sollten. Aber als sie so dastanden und diskutierten, ertönte tief aus der Erde ein rollendes Grollen: »Dribbel, dribbel, dribbel, Pass!«

Gleichzeitig wurde die Luft heißer und dicker, und der Boden unter ihren Füßen begann zu zittern.

»Wir haben keine Zeit zu verlieren«, sagte Sandalf und sprang auf. »Wir müssen uns entscheiden, und zwar schnell.«

»Nach rechts, sage ich«, meinte Agronom.

»Nach links«, schlug Borgemir vor.

Bei näherer Betrachtung stellte sich heraus, dass der linke Gang gar keinen Boden hatte, also eilte Sandalf den anderen hinab, und der Rest der Gesellschaft folgte dicht hinter ihm. Der Gang führte steil nach unten, und auf dem Weg begegneten ihnen Omen von unappetitlicher Natur, darunter das verblichene Skelett eines Minotaurus, der Ötzi, verbeulte Blechfässer, aus denen etwas Strahlendes sickerte, und eine rostige Taschenuhr mit der Gravur »Für Hasi, made in Wunderland«.

Dann verminderte sich der Neigungsgrad des Ganges, bis er mit einem letzten Gefälle in eine große Kammer führte, die von riesigen Metallspinden gesäumt und schwach von Feuerschein erleuchtet war.

Als sie eintraten, wurde das Grollen lauter: »Dribbel, dribbel, Hackentrick. Dribbel, dribbel, Schuss!«

Auf einmal stürmte ein großer Trupp Orks aus dem Gang, aus dem die Gefährten gekommen waren, und griff sie mit Hammer und Sichel an.

»Allahu akbar«, schrie ihr Anführer und schwang einen Vollpfosten.

»Sterbt, Gringos«, rief der Vollpfosten.

»Bleibt hier«, sagte Agronom. »Ich erkunde die Lage.«

»Gebt mir Deckung«, sagte Ligerad, »ich lenke sie ab.«

»Wehret den Anfängen«, sagte Gimik, »ich schütze das Hinterende.«

»Haltet sie in Schach«, sagte Sandalf, »ich nehm sie in die Zwickmühle.«

»Bleibt standhaft«, sagte Borgemir, »ich geh mit dem Hund raus.«

»Pjöngjang panmunjeom«, schrie der Orkhäuptling.

Die Gesellschaft raste durch die Halle und durch einen Seitengang hinaus, die Orks dicht auf den Fersen. Im Hinausstürmen schlug Sandalf den Orks die Tür vor der Nase zu und belegte sie flugs mit einem Zauberbann. »Import-Export Ministerium«, sprach er, und als er mit seinem Zauberstab auf die Tür schlug, verschwand sie mit einem qualmigen Puff, und der Zauberer stand Nase an Nase mit den verblüfften Orks. Sandalf holte rasch ein umfassendes Geständnis hervor, unterschrieb es, drückte es dem Häuptling in die Hand und rannte den Gang entlang zu seinen Gefährten, doch die hatten bereits eine schmale Seilbrücke überquert, die eine tiefe Kluft überspannte.

Als Sandalf die Brücke betrat, hallte ein unheimliches »Dribbel, dribbel« aus dem Gang, und eine große Schar Orks stürmte heran. In ihrer Mitte war ein hoch aufragender dunkler Schatten, der unbeschreiblich grausig war. Zwischen den Füßen bewegte er eine riesige schwarze Kugel, und auf seiner Brust stand in grässlichen Runen die Unglücksnummer »13« geschrieben.

»Wehe«, rief Ligerad. »Ein Ballack!«

Sandalf drehte sich um, um der Schreckensgestalt entgegenzublicken, die langsam auf die Brücke zutänzelte und dabei die furchtbare Kugel von der Fußspitze titschen ließ. Der Zauberer taumelte zurück, klammerte sich an den Seilen fest und hob seinen Zauberstab.

»Weiche, du tückischer Meister des Kopfballs«, rief er.

Daraufhin betrat der Ballack die Brücke. Der Zauberer wich zurück, richtete sich zu seiner vollen Größe auf und sagte: »So weiche denn, Sportsfreund! Ins Abseits mit dir, Stutzenträger!« Zu seinem Schutz zauberte er eine weiße Linie aus Rasierschaum quer über die Brücke.

Agronom schwang Nirosta. »Er kann die Brücke nicht halten«, schrie er und stürmte herbei.

»Er hat mein vollstes Vertrauen«, rief Borgemir und setzte ihm nach.

»Adidas libero fifa«, sagte Ligerad und sprang ihm zur Seite.

»Kaiser Franz«, rief Gimik und rannte dazu.

Der Ballack legte sich die Schreckenskugel zurecht, nahm mit dem stollenbewehrten Fuß Schwung und stieß einen Siegesschrei aus.

»Elf Freunde sollt ihr sein«, sagte Borgemir und hackte auf die Brücke ein.

»Einigkeit und Recht und Freiheit«, schrie Agronom und säbelte an einer Halterung.

»Blühende Landschaften«, keuchte Ligerad und durchschnitt das Geländer.

»Heil dir im Siegerkranz«, summte Gimik und kappte den letzten Faden mit einem flinken Axthieb.

Mit lautem Knall sackte die Brücke in sich zusammen und riss Sandalf und den Ballack in den Abgrund.

Agronom wandte sich ab und rannte unauffällig schluchzend den Gang entlang, dicht gefolgt vom Rest der Gesellschaft. Als sie um eine Ecke bogen, blendete sie auf einmal ein Sonnenstrahl, und nachdem sie einen schlafenden Ork-Wächter binnen Minuten überwältigt hatten, hasteten sie aus dem Osttor hinaus und die Osttreppe hinunter.

Die Stiege führte an einem sirupartigen Bach entlang, in dem vielfarbige, schleimige Klümpchen schwammen.

Ligerad blieb stehen und spuckte wehmütig hinein. »Das ist der Bab-Eltie«, erklärte er, »den die Elben so lieben. Trinkt nicht davon, er verursacht Karies.«

Die Truppe eilte weiter in das seichte Tal und stand in weniger als einer Stunde am Westufer des Flusses Ármin, den die Zwerge Nazalspray nennen. Agronom hieß sie anhalten. Die Stufen, die den Berg hinabgeführt hatten, endeten abrupt am Ufer des Flusses, und zu beiden Seiten des Pfades liefen die Hügel in weitläufige Steppen aus, die von Windgöttern, Wackeldackeln und Tomtom-Navis bevölkert waren.

»Ich fürchte, wir sind in unerforschte Ländereien gelangt«, sprach Agronom und spähte unter der schirmenden Hand in die Ferne. »Ach, wäre doch Sandalf hier, um uns den Weg zu weisen.«

»Alles voller Irren hier«, stimmte Borgemir zu.

»Dort drüben liegt Lalelúrien, das Land der Gelben Elben«, sagte Ligerad und deutete über den Fluss auf einen ungepflegt aussehenden Wald aus Eschenulmen und Tannenkiefern. »Sandalf hätte uns sicherlich dorthin geführt.«

Borgemir tauchte einen Fuß in den sämigen Fluss, und heraus sprang ein Fischstäbchen mit frittierten Muscheln als Beilage.

»Hexerei!«, rief Gimik, als ein Matjes an seinem Ohr vorbeiflog. »Zauberkram! Teufelswerk! Populismus! Fiatgeld!«

»Ja«, sagte Ligerad, »der Fluss steht unter einem Bann, denn er ist nach der schönen Elbenmaid Ármine benannt, die scharf war auf Aperitif, den Gott des Vorglühens und der Hungrigen Ungeduld. Aber die böse Acesulfam, Göttin der Falschen Süße, erschien ihr in Form eines Klatschblattes und sagte ihr, dass Aperitif was mit Prinzessin Persil habe, der Tochter von König Henkel. Darob erzürnte Ármine und schwor einen heiligen Eid, Persil in den Bauch zu treten und ihre Mutter Ing-Diba, Göttin der Kurzfristigen Kredite, dazu zu bringen, Aperitif in einen Kuchen zu verwandeln. Aber Aperitif bekam Wind von ihren Plänen. Er suchte sie als Kühl-Gefrier-Kombination verkleidet auf und verwandelte sie in einen Fluss und zog gen Westen, um eine Vertriebsfirma zu gründen. Noch jetzt weint der Fluss in jedem Frühling leise: ›Aperitif, Aperitif, du altes Arschloch. Eben war ich noch ein Elbenmädchen von nebenan, und zack, jetzt bin ich ein Fluss. Du Penner.‹ Und der Wind antwortet: ›Puh.‹«

»Eine traurige Geschichte«, sagte Froyo. »Ist sie auch wahr?«

»Nein«, sagte Ligerad, »aber ich kenne ein Lied«, und er begann zu singen:

Einst lebte eine Elbenmaid
Mit Röhrenjeans von Quelle,
Mit falschem Haar, Marlboro light
Und einer Teilzeitstelle.

Sie stand auf einen Elbentyp,
Der sie ins Kino führte
Und sein Apartment ihr beschrieb,
Und dass er Jus studierte.

Drum gab sie sich ihm hin sogleich.
Sein Rücksitz war ihr Bett.
So einen wollte sie, so reich,
So stark, so klug, so nett.

Da lacht der falsche Mister Ken:
Er wäre längst vergeben
Und tät bei Aldi arbeiten
Und noch bei Mutti leben.

Im Aug' ein Tränchen silberklar
Lief heim die kleine Elbe.
Und dacht' an letzte Woche, da
passiert war schon dasselbe.

»Am besten queren wir den Fluss noch vor Einbruch der Dunkelheit«, sprach Agronom schließlich. »Man hört von Werwölfen und Werbären und Werbeagenturen in dieser Gegend.« Er nahm seinen Kulturbeutel und watete in das suppige Wasser, und die Truppe folgte ihm. Der Strom war nirgends mehr als ein paar Fuß tief, und die Torflinge hatten keine Schwierigkeiten, einen Weg hinüber zu finden.

»Dies ist in der Tat ein seltsamer Fluss«, sagte Borgemir, während das Wasser gegen seine Schenkel schwappte.

Am anderen Ufer des Flusses fanden sie eine Reihe toter Bäume vor, an denen in Elberanto beschriftete Schilder hingen:

KOMMEN SIE INS FABELHAFTE ELBENDORF!
BESUCHEN SIE DIE SCHLANGENFARM!
HIER LANG ZUR WEIHNACHTSWICHTELWERKSTATT!

Und

BITTE HINTERLASSEN SIE DIESEN WALD SO VERWUNSCHEN, WIE SIE IHN VORGEFUNDEN HABEN!

»Lalelúrien, Lalelúrien«, seufzte Ligerad, »Wunder von Intererde!« Daraufhin öffnete sich eine Klappe im Stamm eines großen Baums und gab den Blick frei auf eine Stube voller Postkartenregale, tickender Kuckucksuhren und Kräuterbonbons. Ein schmierig wirkender Elb kam hinter einer Slush-Eis-Maschine hervor.

»Seid willkommen, Fremde«, sagte er und verbeugte sich tief. »Ich bin Dertur.«

»Schön, hier zu sein«, erwiderte Ligerad.

»Na ja«, wandte der Elb ein und hustete wichtigtuerisch, »ganz schön außerhalb der Saison, was?«

»Wir sind nur auf der Durchreise«, erklärte Agronom.

»Egal«, sagte Dertur. »Es gibt viel zu sehen. Links der Versteinerte Baum, rechts die Echoschlucht und der Natürliche Felsbogen und direkt davor der Alte Wunschbrunnen.«

»Wir kommen aus Monika«, fuhr Agronom fort, »und sind auf dem Weg nach Morrrdistan.«

Der Elb erbleichte. »Ich hoffe, Ihnen hat Ihr Aufenthalt im verwunschenen Lande Lalelúrien gefallen«, sagte er schnell, reichte ihnen einen Stapel Prospekte und Packesel-Aufkleber, sprang in den Baum, knallte die Luke zu und verriegelte sie.

»Dies sind Zeiten der Sorge«, sprach Agronom.

Ligerad öffnete einen der Prospekte und studierte eine Karte. »Zum Elbendorf ist es nicht weit«, sagte er schließlich, »und wenn es nicht den Besitzer gewechselt hat, wohnt dort immer noch Elritzens Sippschaft, Zellophan und Galadiner.«

»Elben«, grummelte Spam. »Ich sag ja nicht, dass Saurum recht hat, aber ich sag auch nicht, dass er unrecht hat, wenn ihr wisst, was ich meine.«

»Klappe«, sagte Ligerad ernst.

Nach einer hastigen Mahlzeit aus Weihrauch und Möhre machte sich die Gesellschaft auf den Weg über einen breiten Pfad, der laut Ligerad und Karte »Geister-Rikscha« hieß. Alle paar Schritte kamen mechanische Drachen und Kobolde aus Gummisträuchern gewackelt und gähnten und grunzten aus kleinen Lautsprechern. Aber selbst die Torflinge ließen sich von diesen Überfällen nicht erschrecken, und nach wenigen Stunden erreichten die Reisenden den Rand eines kleinen Wäldchens. Die versteinert (oder besser: vergipst) wirkenden Bäume hatten seltsam gerade Äste, von denen angemalte Blätter in unnatürlichen Büscheln herabhingen.

Während sie noch dastanden und staunten, erschien am Erker-fenster des nächststehenden Baumes der Kopf einer Elbin und rief in der alten Sprache der Elben: »Gegrüßet seid ihr Wander*innen.«

»Ja, wo sind denn die ander*innen?«, gab Ligerad die korrekte Antwort.

Einen Augenblick später schwang die Tür zum großen Baum auf und ein niederer Elb trat heraus.

»Zellophan und Galadiner erwarten euch im Obergeschoss«, sagte er und führte die Gesellschaft in den breiten Baumstamm. Der Baum war innen komplett hohl und mit Backsteintapeten ausgekleidet. Eine Wendeltreppe führte durch ein Loch in der Decke ins obere Stock-werk, und der Elb bedeutete ihnen, die schmalen Stufen hinaufzu-steigen. Oben angekommen fanden sie sich in einem Raum wieder, der ähnlich dekoriert war wie der untere, aber hell erleuchtet, denn von der hohen Decke hingen große Wagenrad-Kronleuchter. Vor der gegenüberliegenden Wand saßen auf zwei Baumstümpfen Zellophan und Galadiner, in üppiges Musselin gehüllt.

»Willkommen in Lalelúrien«, sagte Galadiner und erhob sich lang-sam, und den Gefährten kam sie so hübsch vor wie ein junger Setzling oder eine Hainbuche. Sie hatte prächtiges kastanienbraunes Haar, und wenn sie es schüttelte, regneten prächtige Walnüsse zu Boden. Froyo spielte mit dem Ring und staunte ob ihrer großen Schönheit. Als er wie in Trance aufstand, drehte sich Galadiner zu ihm um und sah, dass er mit dem Ring spielte und ob ihrer großen Schönheit staunte.

»Ich sehe, Froyo«, sagte sie, »dass du mit dem Ring spielst und ob meiner großen Schönheit staunst.«

Froyo schnappte nach Luft.

»Keine Angst«, sagte sie und zupfte feierlich an seiner Nase. »Wir sind keine Bösen.«

Zellophan erhob sich alsdann und grüßte nacheinander jeden der Reisenden. Er bat sie, sich auf die im Raum verteilten Fliegenpilze aus Gummi zu setzen und von ihren Abenteuern zu erzählen.

Agronom räusperte sich. »Es war einmal …«, begann er.

»Nennt mich Ismael …«, begann Gimik.

»Habe nun, ach …«, begann Ligerad.

»Sage mir, Muse …«, begann Borgemir.

Nach einigem Hin und Her erzählte Froyo die ganze Geschichte vom Ring, von Dildos Party, den Schwarzen Schleppern, Elritzens Großem Gremium, von Monika und Sandalfs jähem Ableben.

»Krasso-basso«, sagte Zellophan traurig, als Froyo geendet hatte.

Galadiner seufzte tief. »Eure Reise ist lang und schwer«, fügte sie an.

»Ja«, ergänzte Zellophan, »ihr tragt eine große Bürde.«

»Eure Feinde sind mächtig und gnadenlos«, fuhr Galadiner fort.

»Ihr habt vieles zu befürchten«, warnte Zellophan.

»Ihr reist bitte im Morgengrauen ab«, sagte Galadiner.

Nach einem herzhaften Festmahl aus Cherubim und Seraphim zeigten Zellophan und Galadiner den müden Reisenden ihre Zimmer, die in einem kleinen Baum in der Nähe gelegen waren. Als Froyo eintreten wollte, zog Galadiner ihn beiseite und führte ihn auf eine lauschige Lichtung, in deren Mitte ein verdrecktes Vogelbad stand. Drin schwamm ein Spatzenpaar mit dem Bauch nach oben.

»Gift«, erklärte Galadiner und schleuderte die gefiederten Leichen ins Gebüsch. »Das ist das Einzige, was sie überhaupt aufhält.« Daraufhin spuckte sie ins Wasser, und ein Goldfisch sprang in die Höhe und rief: »Zicküth, zicküth!«

Sie beugte sich über die Oberfläche und flüsterte: »Erasco Bonduelle«, und das Wasser begann zu sieden und erfüllte die Luft mit dem Aroma von Geschnetzeltem. Dann schien es Froyo, als glättete sich die Oberfläche und zeigte das Bild eines Mannes, der sich etwas in die Nase spritzte.

»Werbung«, sagte Galadiner genervt. Gleich darauf wurde das Wasser klar, und es erschienen Bilder von Elben und Zwergen, die Arm in

Arm auf der Straße tanzten, von Siegesfeiern in Minas Trone und aus-
schweifenden Partys im Augenland, von Saurum als Bronzestatue, die
zu Krawattennadeln eingeschmolzen wurde, und schließlich von Froyo
selbst, der breit lächelnd auf einem Haufen Swarovski-Ohrclips saß.

»Das verheißt Gutes«, erklärte Galadiner.

Froyo rieb sich die Augen und kniff sich. »Dann sieht es also gar
nicht so düster aus?«, fragte er.

»Der Wahrbottich von Galadiner lügt nie«, sagte die Dame streng,
brachte Froyo zum Rest der Gesellschaft zurück und verschwand
dann in einem Dunst, der nach Christina Aguilera duftete.

Froyo kniff sich noch einmal, dann stolperte er ins Baumhaus und
fiel in einen tiefen Schlaf.

Die Oberfläche des Beckens blieb eine Weile schwarz, flackerte
dann auf und zeigte den triumphalen Einlauf der *Titanic* im New Yor-
ker Hafen sowie die restlose Entnazifizierung Deutschlands.

Am östlichen Himmel erhob sich Rama, geliebter Morgenstern der
Elben und Diener der Dämmerung, und begrüßte Sensodyne, Bele-
gerin der Zunge, welche auf ihrem güldenen Mülleimer scheppernd
befahl, das geflügelte Lastenrad von Aspirin, dem Herold des Tages,
anzuschirren. Ihm auf dem Fuße folgte Nescafe mit den rosigen Aug-
äpfeln und dem Wattemund und liebkoste das Land östlich der Meere.
Mit anderen Worten: *Aufstehen!*

Die Gesellschaft erhob sich, und nach einem eiligen Frühstück aus
Grieben und Graupen führten Zellophan und Galadiner und ihre Diener sie durch den Wald zu den Ufern des großen Flusses Ármin, wo
drei kleine Tretboote lagen.

»Dies ist die traurige Stunde des Abschieds«, sagte Galadiner
feierlich. »Aber ich habe für jeden von euch ein kleines Geschenk,
das euch in den kommenden finsteren Tagen an eure Zeit in Lalelúrien erinnern soll.« Indem sie das sagte, zog sie eine große Truhe
hervor und holte eine Handvoll wundersamer Dinge heraus.

»Für Agronom«, sagte sie, »Kronjuwelen«, und reichte dem überraschten Monarchen eine diamantförmige Birne und ein Wachtelei von der Größe eines Smaragds.

»Für Froyo ein bisschen was Magisches«, und der Torfling fand in seiner Hand eine wunderbare Kristallkugel, die mit schwebenden Schneeflocken gefüllt war.

Dann schenkte sie jedem der anderen Reisegesellen etwas Kost- und Wunderbares: Gimik ein Jahresabo *Elb im Spiegel*, Ligerad ein Mah-Jongg-Spiel, Mucki eine Kiste Brandsalbe, Pipi ein Salatbesteck, Borgemir ein Alurad und Spam eine Packung Merci-Schokolade.

Eilig wurden die Geschenke in den kleinen Booten verstaut, zu den sonstigen für ein Abenteuer notwendigen Utensilien, welche da waren: Seile; Dosen mit Troll-Gulasch extra scharf; reichlich Hobbits-Kekse; magische Tarnumhänge, die sich jedem Hintergrund anpassten, egal ob grünem Gras, grünen Bäumen, grünem Fels oder grünem Himmel; ein Handbuch mit dem Titel *Drache oder Basilisk – erkenne den Unterschied*; eine Schachtel Hundeleckerlis und ein Kasten Sprudel.

»Lebt wohl«, sagte Galadiner, als sich die Truppe in die Boote zwängte. »Jede große Reise beginnt mit einem ersten Schritt. Kein Mensch ist eine Insel.«

»Der frühe Vogel fängt den Wurm«, sagte Zellophan.

Die Boote glitten auf den Fluss hinaus, und Zellophan und Galadiner bestiegen einen großen, bootförmigen Schwan und trieben noch ein Stück weit neben ihnen her, und Galadiner saß am Bug und sang zum herzzerreißenden Klang der Marimbas ein uraltes elbisches Klagelied:

Dango, Dango, Lassi Lima rintintin
Yanqui unicycle ramar rotoroot
Telstar aloha saarinen cloret
Laschet camaro impala desoto?

Gardol oleo telephon lumumba!
Chappaqua havatampa muriel
Dukans tas ferzum brunen fyren, Bwana,
Abanich zumtrin kenz wingen!

Dreisat melba rubaiyat nirvana
Garcia y vega hiawatha alu.
O mithra, mithra, I leg mi niada!
Valari valera, que sera, sirrha,
Honni soit la vache qui rit.
Honni soit la vache qui rit.[12]

Als die kleinen Boote um die nächste Biegung des Flusses fuhren, blickte Froyo gerade noch rechtzeitig zurück, um zu sehen, wie die edle Galadiner den alten elbischen Abschiedsgruß entbot: Sie steckte den Finger in den Hals.

Borgemir schaute nach vorn, denn die Windungen des Flusses hatten sie der aufgehenden Sonne entgegengebracht. »Der frühe Vogel fängt sich Hepatitis«, brummte er und schlief ein.

Nur eine Nacht hatten die Gefährten in diesem verwunschenen Land verbracht, aber so mächtig war der Zauber Lalelúriens, dass es ihnen schien, als wären es zwei Nächte gewesen. Während sie gemächlich dahinglitten, stieg in Froyo die unbestimmte Angst auf, dass ihre Zeit bald abliefe. Er erinnerte sich an Borgemirs unheilvollen Traum und bemerkte nun zum ersten Mal, dass der Krieger ein Mal vom Blut eines Lammes auf der Stirn trug, ein großes Kreide-X auf dem Rücken und einen schwarzen Fleck von der Größe einer

---

12 »Oh, die Blätter fallen, die Blüten welken und die Flüsse wählen konservativ. O Ramar, Ramar, fahre schnell auf deinem goldenen Einrad und warne die Nymphen und Dragqueens! Ah, wer soll jetzt Litschinüsse sammeln und unterm Buxus kobolzen? Wer schert künftig meine Einhörner? Seht, jetzt lachen schon die Kühe, ach, ach.« Chor: »Wir sind der Chor, wir stehn dahinter, nicht davor.«

Dublone auf der Wange. Auf seiner linken Schulter saß ein ziemlich bedrohlicher Geier, stocherte in den Zähnen und sang ein albernes Lied.

Kurz nach Mittag wurde der Fluss schmaler und seichter, und bald war die Weiterfahrt vollständig von einem riesigen Biberdamm versperrt, aus dem das grimmige Klatschen von Biberschwänzen und ein unheilvolles Turbinengebrumm drangen.

»Ich hatte geglaubt, der Weg zu den Langerhansschen Inseln sei frei«, sprach Agronom. »Jetzt erkenne ich, dass die Diener Saurums sogar hier am Werke sind. Auf dem Fluss gelangen wir nicht weiter.«

Die Truppe pedalte zum Westufer, zog die Bötchen ans Ufer und verzehrte hastig eine Mahlzeit aus Appel und Ei.

»Ich fürchte Böses von diesen Untieren«, sagte Borgemir und deutete auf die dräuende Betonwand des Damms.

Noch als er sprach, kam eine untersetzte Gestalt ungelenk über den Uferkies gewatschelt. Sie war etwa 1,20 groß, sehr dunkelhäutig, hatte einen Schwanz wie ein Rumpsteak, eine schwarze Baskenmütze auf dem Kopf und trug eine verspiegelte Sonnenbrille.

»Zu Diensten«, lispelte die seltsame Kreatur und verneigte sich tief. Agronom musterte den Grobian argwöhnisch.

»Und wer mögt Ihr wohl sein?«, sagte er schließlich und ließ seine Hand zum Schwertgriff gleiten.

»Ein harmloser Reisender wie Ihr selbst«, sagte die braune Gestalt und wackelte zur Bekräftigung mit dem Schwanz. »Mein Pferd hat ein Eisen verloren, oder mein Boot ist gesunken, ich weiß leider nicht mehr, was.«

Agronom seufzte erleichtert. »Nun, dann seid gegrüßt«, sagte er. »Ich hatte schon Sorge, Ihr wäret des Bösen.«

Das Geschöpf lachte nachsichtig und entblößte ein Paar Vorderzähne so groß wie Kacheln. »Wohl kaum«, sagte es und kaute geistesabwesend auf einem Stück Treibholz. Dann fiel mit einem lauten Niesen seine dunkle Brille zu Boden.

Ligerad schnappte nach Luft. »Ein Schwarzer Biber!«, rief er und wich zurück. In diesem Moment ertönte lautes Krachen aus dem nahen Wald, und eine Rotte heulender Orks und grunzender Biber stürzte sich auf die glücklose Gesellschaft.

Agronom sprang auf die Füße. »Insignia Zafira«, rief er, zog das Schwert Nirosta und reichte es mit dem Heft voran dem nächststehenden Ork.

»Habibi Halvah«, rief Gimik und ließ die Axt fallen.

»Novalgin«, sagte Ligerad und legte die Hände hinter den Kopf.

»Ipso facto«, knurrte Borgemir und schnallte sein Schwertgehänge ab.

In der Hitze der Kapitulation stürzte Spam zu Froyo hinüber und packte ihn am Arm. »Lass mal lieber Abflug machen, Herr«, sagte er und zog sich einen Schal über den Kopf. Die beiden Torflinge schlichen zu den Booten hinab und glitten hinaus auf den Fluss, bevor die heranstürmenden Orks und ihre schwanzlastigen Verbündeten sie übersehen konnten.

Der Oberork packte Agronom am Revers und schüttelte ihn heftig. »Wo sein Torflinge?«, schrie er. Wie alle Orks wusste er um die einschüchternde Wirkung von stark vereinfachter Grammatik.

Agronom blickte dorthin, wo Froyo und Spam gestanden hatten, und dann zu Mucki und Pipi, die zusammen mit Ligerad und Gimik Verstecken spielten.

»Du lügen, du sterben«, sagte der Ork, und der feinfühlige Agronom bemerkte einen boshaften Unterton, der sich in seine Stimme eingeschlichen hatte. Er deutete auf die Torflinge, und zwei Orks sprangen herbei und ergriffen sie mit den Schenkeln ihrer Arme.

»Das muss ein Fehler sein«, quietschte Mucki. »Ich hab ihn nicht.«

»Ihr habt den Falschen erwischt«, kreischte Pipi. »Der da ist es«, sagte er und zeigte auf Mucki.

»Nein, der da«, rief Mucki und zeigte auf Pipi. »Ganz leicht zu erkennen. 1,38, auf dem linken Arm das Tattoo eines brünstigen Drachens, gesucht wegen wiederholter Beihilfe zum Ringschmuggel.«

Der Oberork lachte grausam. »Ihr anderen habt zehn Sekunden zum Abhauen«, sprach er und fuchtelte mit einer zehnteiligen Messergarnitur. Sogleich sprintete Borgemir los, verfing sich jedoch mit den Füßen in seinem Schwertgehänge, kam ins Straucheln und spießte sich auf seinen spitzen Schuhen auf.

»Mein Schicksal hat sich erfüllt«, stöhnte er. »O, saget den Lakedomiern, sie sollen die Torpedos bemannen.« Dann schüttelte er eine große, laute Rassel und verschied.

Der Ork wiegte den Kopf. »Das wär nicht nötig gewesen«, sagte er und zog mit seiner Orkbande und mit Mucki und Pipi ab in den Wald.

Froyo und Spam trieben lautlos über den Fluss und zogen das Boot ans östliche Ufer. Verborgen im Schatten des Damms paddelte währenddessen eine kleine graue Gestalt auf einem grün-gelben Seepferdchen dahin.

»Vom Regen in die Pfanne, wie der olle Dicklippe sagen würde«, bemerkte Spam, fischte ihre Rollkoffer aus dem Boot und machte sich gemeinsam mit Froyo daran, den Pfad zu erklimmen, der entlang einer Schlucht zum überübernächsten Kapitel führte.

VI

DIE REITER VON SCHLAND

Drei Tage lang verfolgten Agronom, Gimik und Ligerad die Orkbande. Sie unterbrachen ihre unerbittliche Jagd nur zum Essen, Trinken, Schlafen, zum Skatspiel und zum Besichtigen aller Sehenswürdigkeiten des Umlandes. Unermüdlich blieben der Waldhüter, der Zwerg und der Elb den Entführern von Mucki und Pipi auf den Fersen. Oft machten sie Gewaltmärsche von bis zu dreihundert Metern, bevor sie erschöpft zusammenbrachen. Mehrere Male verlor Stapfer die Witterung, was ziemlich schwierig war, denn Orks schichten ihre Köttel gern zu großen, übel riechenden Haufen am Wegesrand auf, die sie dann zu furchterregenden Formen zurechtkneten, als stumme Mahnung an alle Leugner ihrer Macht.

Aber die Haufen der Orks wurden seltener, was darauf hindeutete, dass sie entweder schneller geworden waren oder kein Raufutter mehr hatten. Auf jeden Fall wurde die Fährte schwächer, und der stattliche Pfadfinder brauchte seinen ganzen Spürsinn, um aus den allerkleinsten Spuren auf die Route der Rotte zu schließen: hier eine erkaltete Feuerstelle, dort ein paar gezinkte Würfel und ein Stück weiter ein paar erkaltete Orks.

Das Land war düster und flach und nur noch von kargem Gestrüpp und anderen Kümmernissen bewachsen. Gelegentlich kamen sie durch verlassene Dörfer, bewohnt von streunenden Hunden, mit denen sie ihren schwindenden Proviant aufstockten. Langsam stiegen sie hinab in die trostlose Tiefebene von Schland, die ein heißer, trockener und spaßbefreiter Ort war.[13] Links von ihnen lagen die düsteren Gipfel der Kleberge und rechts von ihnen floss in weiter Ferne der träge Andréasfluss. Im Süden aber lag das sagenumwobene Land der Schlandner, jener kampferprobten Ritter auf stolzen Merinohengsten.

In früheren Zeiten waren die Schafsherren Feinde Saurums gewesen und hatten auf der Alten und Mittelalten Schlachtplatte tapfer gegen ihn gefochten. Aber jetzt erzählte man sich von marodierenden Schafsreitertrupps, die ins nördliche Gondídor einfielen und dort schändeten, brandschatzten, schändeten, plünderten, schändeten und mordeten. Und außerdem auch noch schändeten.

Stapfer unterbrach den Marsch und stieß einen tiefen Seufzer der Angst und der Langeweile aus. Die Orks ließen sie weiter und weiter zurück. Sorgfältig wickelte er ein Stück magischen Elbenzwieback aus und brach ihn in vier gleiche Stücke. »Esst auf, denn dies ist das Letzte, was wir haben«, sagte er und schob sich das vierte Stück für später in den Ärmel.

Ligerad und Gimik kauten ernst und schweigend. Um sich herum spürten sie die bösartige Präsenz von Sagrotan, dem bösen Zauberer von Risenrad. Sein bösartiger Einfluss hing schwer in der Luft, seine geheimen Kräfte hemmten ihre Suche. Kräfte, die vielerlei Formen annehmen konnten, aber vorerst nur Durchfall verursachten.

Gimik, der Ligerad womöglich noch weniger mochte als zuvor in Lauerbach, würgte seinen Zwieback hinunter.

»Fluch über die Elben und ihren Elbenfraß«, grummelte er.

»Und über die Zwerge«, entgegnete Ligerad, »deren Mund nach Elbenschwanz riecht.«

Da zückten beide zum zwanzigsten Mal ihre Waffen und trachteten einander nach den Eingeweiden, aber Stapfer griff ein, damit es keine Toten gab. Das Essen war sowieso alle.

---

13 Siehe auch Osnabrück

»Haltet inne, haltet ein, zügelt und besänftigt euch, lasset ab von der Zwietracht und senket die Klingen«, sagte er und hob seinen Fransenhandschuh.

»Verpiss dich, du Einmischer«, knurrte der Zwerg. »Ich mach Hackbraten aus dem alten Faktenverdreher!«

Aber der Waldhüter zog sein friedenstiftendes Schwert, und der Kampf endete so schnell, wie er begonnen hatte, denn auch Zwerge und Elben mögen keine spitzen Gegenstände im Rücken. Als die Kämpfer ihre Klingen in die Scheide steckten, ertönte Stapfers Stimme erneut.

»Sehet!«, rief er und deutete nach Süden. »Reiter nähern sich wie der Wind!«

»Schön wär's, wenn sie auch gegen den Wind ritten«, sagte Ligerad und rümpfte die Nase.

»Scharf sind die Nüstern der Elben«, sagte Stapfer.

»Und stumpf sind ihre Rosetten«, murmelte der Zwerg in seinen Bart.

Alle drei blinzelten der Staubwolke am fernen Horizont entgegen. Dass es Schafsreiter waren, daran bestand kein Zweifel, denn der Wind kündigte ihr Näherkommen an.

»Glaubt ihr, sie sind wohlgesonnen?«, fragte Ligerad und zitterte wie ein furchtsamer Elb.

»Das vermag ich nicht zu sagen«, sagte Stapfer. »Sind sie es, dann ist es gut; sind sie aber feindselig, dann müssen wir ihrem Zorne durch List entkommen.«

»Wie denn?«, fragte Gimik. Auf der weiten Ebene war kein Versteck zu sehen. »Kämpfen oder fliehen wir?«

»Weder noch«, sagte der heimliche König und sank schlaff zu Boden. »Wir stellen uns tot!«

Ligerad und Gimik sahen sich an und schüttelten den Kopf. Es gab wenig, worüber sie einer Meinung waren, aber Stapfer gehörte definitiv dazu.

»Wir können genauso gut ein paar von ihnen mitnehmen«, sagte Gimik und zog sein Hackebeil, »denn es stirbt sich besser mit zugeknöpftem Hosenlatz.«

Die Schafsherren wurden immer größer, und bald war das wilde Kriegsgeblöke ihrer Reittiere zu hören. Groß und blond waren die Schlandner oder »Schlandser«, wie sie sich selbst nannten, sie trugen Pickelhauben und Hitlerbärtchen. Auch trugen sie Schaftstiefel und kurze Lederhosen mit Hosenträgern und hielten lange Spieße, die wie bleibeschwerte Staubwedel aussahen.

»Sie sind von wildem Angesicht«, sagte Ligerad.

»Wohl wahr«, sagte Stapfer und spähte durch die Finger. »Stolz und eigensinnig sind die Männer von Schland, und Macht und Land gilt bei ihnen viel. Aber das Land ist oft das ihrer Nachbarvölker, und daher sind sie dort ziemlich unbeliebt. Zwar besitzen sie nicht die Gabe der Schrift, doch sie lieben Gesang und Tanz und Massenmord. Kriegskunst ist nicht ihr einziges Handwerk, denn sie vermieten auch hübsche Ferienwohnungen, die mit modernsten Heizöfen und Duschen ausgestattet sind.«

»Dann können die Kerls ja nicht ganz böse sein«, sagte Ligerad hoffnungsvoll.

In diesem Moment sahen sie hundert Klingen aus hundert Scheiden hervorblitzen.

»Wetten, doch?«, sagte Gimik.

Hilflos sahen sie zu, wie die Reihe der Reiter herangestürmt kam. Als plötzlich eine Gestalt in der Mitte, auf deren Pickelhaube zusätzlich zwei Stierhörner prangten, ein Handzeichen gab, zogen die Männer die Zügel und bewiesen erstaunlich geringe Schafsreitkünste. In dem nun folgenden heillosen Durcheinander wurden zwei ihrer gestürzten Kameraden zertrampelt.

Als die Schreie und Flüche verstummt waren, trabte der gehörnte Anführer auf die drei zu. Er ritt einen stattlichen Merinoschimmel, in dessen Schwanz farbige Gummibänder kunstvoll eingeflochten waren.

»Der Idiot sieht aus wie eine Pommesgabel«, flüsterte Gimik aus dem dicklippigen Mundwinkel. Der Anführer, einen Kopf kleiner als die anderen, musterte sie misstrauisch durch sein Monokel und schwang einen Kampfmop. In diesem Moment erkannten die Gefährten, dass der Anführer eine Frau war. Eine Frau, deren üppiger Brustpanzer auf eine ziemlich ausladende Figur hindeutete.

»Wo wollta hin, und wat machta hier übahaupt, wo ihr nix valoren habt?«, fragte die Anführerin mit nazihaft deutschem Akzent, welchen der Übersetzer achselzuckend als Berlinerisch wiedergab.

Stapfer trat vor und verbeugte sich tief, fiel auf die Knie und bot seine entblößte Kehle dar. Dann küsste er den Boden zu Füßen der Schafsherrin, und als Zugabe wichste er ihr noch die Stiefel. »Heil und Gruß, o Herrin«, winselte Stapfer, und Lauterkeit stand ihm ins Gesicht geschrieben. »Wir sind Wandernde in Eurem Land und suchen unsere Freunde, die von den widerlichen Orks von Saurum und Sagrotan gefangen genommen worden sind. Vielleicht habt Ihr sie erspäht. Sie sind hüfthoch, haben haarige Füße und Stummelschwänze, sind wahrscheinlich in Elbenmäntel gekleidet und auf dem Weg nach Morrrdistan, um die Zerstörung von Intererde durch Saurum abzuwenden.«

Die Hauptfrau der Schafsmannen starrte den Waldhüter stumm an, dann aber drehte sie sich zu den ihren um und winkte einen der Reiter heran.

»Stabsarzt, schnell! Ick hab wat für dich. Der Mann ist im Delir!«

»Nein, schöne Dame«, sagte Stapfer, »die, von denen ich spreche, sind Torflinge oder in der Sprache der Elben *hoipolloi*. Ich bin ihr Geleit und werden von manchen Stapfer genannt, wiewohl ich viele Namen trage …«

»Dit wette ick«, stimmte die Führerin zu und schüttelte ihre goldenen Zöpfe. »Stabsarzt! Wird dit noch was?«

Am Ende aber wurden Agronoms Erklärungen angenommen, und man stellte sich gegenseitig vor.

»Ick bin Oaweh, Oalaps Tochter, Hauptmännin der Widdermark und Gräfin von und zu Oaring. Dit bedeutet, du bist entweda nett zu mia oda du bist janüscht mea«, sagte die rotwangige Kriegerin. Als sie Gimik erblickte, verfinsterte sich ihr Gesicht. Sie musterte ihn misstrauisch.

»Wat ist denn wohl dein Name?«

»Gimik, Sohn des Yps, Zwergenlord von Gadget und königlicher Fleischbeschauer«, sagte der untersetzte Zwerg.

Oaweh stieg ab und inspizierte Gimik aus nächster Nähe, ein angespanntes Stirnrunzeln auf den Lippen.

»Dit ist komisch«, sagte sie schließlich, »du siehst jar nich zwergenhaft aus!« Dann wandte sie sich an Stapfer.

»Und du? Egoman oder wat?«

»Ergonom!«, sagte Stapfer. »Agronom von Ergonom!«

Blitzschnell riss er das schimmernde Nirosta aus dem Halfter, ließ es über dem Kopf kreisen und rief aus: »Und dies ist Nirosta, Waffe dessen, der viele Namen trägt, den die Elben Lumbago nennen, Lendenschwinger, und der auch Dumeryan geheißen wird, Erbe des Thrones von Gondídor und wahrhaftiger Sohn des Ergotrop von Ergotist, Bezwinger von Dutzenden und Nachkomme von Isotóp, ganz hohes Tier und Retter des Abends.«

»Anjeba heißt so wat bei uns«, sagte Oaweh und blickte zum bereitstehenden Sanitätsoffizier. »Aber in Sagrotans Diensten stehste offenba nich. Der is zwar'n Übla, aba total blöde issa nich.«

»Wir sind von weit her gekommen«, sagte Ligerad, »angeführt von Sandalf dem Sauberen, einem Feenversteher und Zauberer der Königsklasse.«

Die Schäferin hob die gelben Augenbrauen, sodass ihr das Monokel vom preußischblauen Auge fiel. »Sapperlot! Dit is keen Name, den man hierzulande droppen sollte. Unsa König, mein Vater, hat diesem Jauna mal seine Lieblingsstute Zewa die Vlauschige ausjeliehen und dann erst jemerkt, wat der Vogel für'n Kunde is! Dit arme Schaf kommt eene Woche späta zurück, volla Flöhe und quer üban neuen Wandteppich vajessen, dasset stubenrein is. Wenn Vatta den erwischt, is eua Zaubara een tota Zaubara!«

»In Euren Worten liegt eine traurige Weisheit«, sprach Agronom, und sein Blick strich über die Rundungen ihrer Hellebarde, »denn Sandalf ist nicht mehr. Er vollendete sein Schicksal in einem ungleichen Kampf mit einem Ballack in den Minen von Monika. Das Ungeheuer spielte auf unfaire Weise und besiegte Sandalf mit Schwalben und Fouls.«

»Jeschieht ihm recht«, sagte Oaweh, »aber ick werd den alten Zausel vamissen.«

»Und jetzt«, sprach Agronom, »sind wir auf der Suche nach zwei unserer Gefährten, die von Orks ergriffen und zu ungewissem Ziele verschleppt wurden.«

»Ach«, sagte die Kriegerin, »wir ham jestan einije Orks erledigt, aber keene Torflinge jesehn. Jefunden hamwa alladings paar kleene Knochen im Kochtopf, und Kokowääh wird's nich jewesen sein.«

Die drei Gefährten nahmen im Rahmen einer sekundenlangen Schweigeminute von ihren Freunden Abschied.

»Könnt ihr uns denn mitnehmen auf euren Streithammeln?«, fragte Gimik.

»Na jut«, erwiderte Oaweh, »aba wir reiten nach Risenrad, um den üblen Sagrotan zu erledijen.«

»Dann kämpfet Ihr mit uns gegen ihn«, sagte Stapfer. »Wir dachten, die Schafsherren hätten mit dem bösen Zauberer gemeinsame Sache gemacht.«

»Diesem Vabrecha hamwa nie jedient«, sagte Oaweh laut, »jedenfalls nich aus Übazeugung, und ooch wenn wir ihm anfangs jeholfen ham, dann hamwa nur Befehle ausjeführt, und dit waren wahrscheinlich nich wir, von denen du jehört hast, weil wir janz woanders warn. Außadem hatta die janze Zeit nur nach 'nem doofen Ring jesucht, der nüscht wert war. Ick gloob ja nicht an Zauberei und so Anthroposophenzeugs. Namen tanzen kann ich selba, sag ick imma.«

Die Reiterin schlug die Hacken zusammen, machte eine Kehrtwendung und rief im Davonreiten: »Also, kommste jetz mit oder bleibste hier und verhungerst?«

Stapfer berührte das letzte Stück Zauberzwieback in seiner Tasche und wog die beiden Alternativen ab, wobei er auch die Reize der properen Oaweh mit in Betracht zog.

»Jawoll, wir kommen mit«, sagte er verträumt.

Pipi träumte, er wäre eine Maraschino-Kirsche auf einem riesigen Karamell-Eisbecher. Zitternd saß er auf einem Berg aus Schlagsahne, während ein monströses Maul voller geschärfter Reißzähne über ihm dräute, aus dem große Speicheltropfen trieften. Er wollte um Hilfe schreien, aber sein eigener Mund war voll mit hart gewordener Karamellsoße. Der Schlund senkte sich herab und atmete einen heißen, stinkenden Hauch … er sank und sank …

»Aufwachen, ihr Ärsche!«, knurrte eine schroffe Stimme. »Boss will mit euch reden! Har, har, har!« Ein schwerer Springerstiefel trat Pipi in die bereits wunden Rippen. Pipi öffnete die Augen für die Dunkelheit der Nacht und sah vor sich einen brutalen Ork. Erneut wollte der kleine Torfling schreien, aber mit dem Knebel im Mund gurgelte er nur vor Angst, und sobald er sich wand, merkte er wieder, dass er verschnürt war wie ein Brathähnchen.

Jetzt fiel ihm alles wieder ein: wie er und Mucki von der Orkbande gefangen genommen und gezwungen worden waren, südwärts zu marschieren, zu einem Ziel, das sie fürchteten, nämlich dem Lande Morrrdistan. Aber hundert blonde Ritter auf Schlachtschafen hatten sie umzingelt, und jetzt bereiteten sich die Orks fieberhaft auf den Angriff vor, den sie mit den ersten Sonnenstrahlen erwarteten.

Pipi erhielt einen weiteren Tritt und hörte dann eine zweite Orkstimme mit der ersten sprechen.

»Muklûk Puschkin, Tôrfling-Grag Babûschka Lefrak!«, krächzte die tiefere Stimme, die Pipi als die Stimme Gûlaschs erkannte. Gûlasch führte Sagrotans Orks an, die Saurums größere, besser ausgerüstete Handlanger begleiteten. »Gorbodûc khosla!«, fauchte der größere Ork und richtete seine Aufmerksamkeit wieder auf die verängstigten Torflinge. Mit einem teuflischen Lächeln zog er seinen gebogenen Seitenschneider und lachte. »Ihr geben Niere her, ich lasse euch laufen. Gute Vorschlag?« Er hob die Waffe mit gespielter Wildheit über seinen halslosen Kopf und genoss die jämmerlichen Protestrufe der Torflinge.

»Ich, Gûlasch, bringen euch Maulwürfe zu große Sagrotan persönlich, Herrscher von Urug-Uay-Krieger, Krassester von alle Krassen und Träger von Heilige Weiße Stein, bald Boss von ganze Intererde!«

Plötzlich kam ein unfairer Faustschlag von hinten und ließ den Ork wie einen Kreisel rotieren.

»Ich zeigen dir Boss von ganze Intererde!«, spottete eine lautere, tiefere Stimme.

Mucki und Pipi blickten auf und sahen einen hünenhaften Orkbullen, weit über zwei Meter groß und drei Zentner schwer. Das Monster stand aufrecht über dem hingestreckten Ork und zeigte angeberisch auf die rote Nase, die auf seine Brust aufgemalt war. Es war Bôrschtsch, der Anführer der Parag-Uay, Saurums Orkregiment, der Gûlasch niedergeschlagen hatte.

»Boss von ganze Intererde deine Mutter!«, wiederholte er. Gûlasch sprang auf die schwer beschuhten Füße und zeigte Bôrschtsch den Stinkefinger.

»Slushfund ticktack kierkegâârd!«, schrie er und stampfte wütend vor dem größeren Ork auf.

»Kulanz!«, brüllte Bôrschtsch, zog wütend sein 1,5 Meter langes Bowiemesser und schnitt Gûlasch die Fingernägel bis runter zum Ellbogen. Der kleinere Ork bückte sich, um seinen Unterarm aufzuheben, und schimpfte über den Rohrspatz, der bereits daran herumpickte.

»Also«, sagte Borschtsch und wandte sich wieder den Torflingen zu, »Morgengrauen kommen Mähmäh-Leute und machen Angriff, darum jetzt sofort Fakten, Fakten, Fakten über diese magische Ring!« Der Ork griff in eine große Ledertasche, holte ein ganzes Sortiment glänzender Instrumente hervor und legte es vor Pipi und Mucki auf den Boden. Vor ihnen lagen eine große Ochsenpeitsche, eine Daumenschraube, eine neunschwänzige Katze, ein Gartenschlauch, zwei Totschläger, allerlei Skalpelle und ein tragbarer Raclettegrill mit mehreren rot glühenden Brandeisen.

»Ich mach euch singen wie Kanari«, kicherte er und strich mit dem Zeigefinger über die Brandzeichen, dass es brutzelte.

»Ihr dürfen aussuchen Tribal oder Om. Har, har, har!«

»Har, har, har«, sagte Pipi.

»Gnade!«, japste Mucki.

»Och menno«, sagte Bôrschtsch und wählte das Eisen mit dem Dollarzeichen, das für $aurums Rappernamen stand. »Ich erst bisschen Spaß haben, und dann ihr reden? Ja?«

»Bitte nicht!«, sagte Mucki.

»Wer will zuerst?«, lachte der grausame Nark.

»Er!«, riefen die Torflinge im Chor und zeigten aufeinander.

»Hô, hô!«, gluckste der Ork und beugte sich über Mucki wie ein Fernsehkoch über eine Kochbanane. Er hob das flammende Eisen, und Mucki kniff die Augen zu, quiekte panisch und überhörte das Geräusch eines Säbelhiebs. Als er seine Augen wieder öffnete, stand sein Folterknecht zwar immer noch über ihm, aber mit einem ganz anderen Vibe. Da merkte Mucki, dass dem Ork der Kopf fehlte. Nun sackte der Körper zusammen wie ein angepiekstes Furzkissen, und darüber erhob sich triumphierend der grinsende Gûlasch. Er hielt eine Klinge in der gesunden Hand, wie man sie normalerweise für zähe Warghaxen benutzt.

»Wer zuletzt lachen, lachen am grässlichsten!«, lachte er grässlich und hüpfte vor Freude von einem Fuß auf den anderen. »Und jetzt«, zischte er den Torflingen ins Gesicht, »meine Chef Sagrotan will wissen, wo Ring ist!« Zur Bekräftigung kickte er Bôrschtschs Schädel in die Tiefe des Raums.

»Ring, Ring?«, sagte Pipi. »Weißt du was von einem Ring, Mucki?«

»Nur, wenn du mein Schwanztattoo meinst«, sagte Mucki.

»Los, los!«, drängte Gûlasch und sengte den Pelz an Pipis rechtem großen Zeh an.

»Okay, okay«, schluchzte Pipi. »Binde mich los, und ich mal dir eine Karte.«

Gûlasch stimmte in gieriger Eile zu und löste die Fesseln an Pipis Armen und Beinen.

»Jetzt bring die Fackel näher, damit wir besser sehen können«, sagte der Torfling.

»Gnash lubdûb!«, frohlockte der Ork in seiner eigenen fiesen Sprache, während er einhändig mit Metzgersäbel und Fackel hantierte.

»Komm, ich halt den Säbel für dich«, bot Pipi an.

»Knish snark!«, schnatterte der Unhold und schwenkte erwartungsvoll die Fackel.

»Das hier sind die Klebeberge, und das ist der Andréas«, sagte Pipi und kratzte mit der scharfen Spitze der schimmernden Klinge irgendwelche Striche in den Sand.

»Krishna rimsky-korsakoff!«

»Das ist der Expresspfad …«

»Grackel borgward!«

»… und das ist deine Gallenblase, gleich nördlich des Dickdarms.«

»Gôrk!«, wandte der Ork ein, als er zu Boden fiel, von einem Ende zum anderen aufgeschlitzt wie ein Kissenbezug. Während seine inneren Organe geräuschvoll den Geist aufgaben, band Pipi Mucki los. Jetzt mussten sie sich nur noch einen Weg durch die Kampflinien der Orks bahnen. Vielleicht konnten sie ja ungesehen entwischen, während sich die Krieger auf das Scharmützel vorbereiteten, das sicherlich mit den ersten Sonnenstrahlen losbrechen würde. Die Torflinge schlichen auf Zehenspitzen um eine Gruppe von Orks herum, die eifrig ihre schrecklichen Kampfmesser schärften und dabei leise ein Lied halb sangen, halb rülpsten, halb gurgelten, während sich einer im Rhythmus den Eisenhelm an den Kopf schlug. Die Worte klangen fremd und hart in den Ohren der vorbeischleichenden Torflinge:

Von Orkistan bis zur Orkei
Wir sorgen stets für Metzelei.
Ob Parag- oder Urug-Uay
Wir bleiben nur dem Bösen treu.
Ob Krummschwert oder Säbel,
Wir stecken's in die Näbel.
Ob Kreuzschlitz oder Torx,
Wir sind die Orks!

»Pssst«, flüsterte Pipi, als sie über freies Feld krochen, »mach keinen Lärm.«

»Okay«, flüsterte Mucki.

»Was soll Geflüster?«, knurrte eine Stimme im Dunkeln, und Pipi spürte, wie eine Hand mit ungestutzten Nägeln nach seinem Kragen griff. Ohne nachzudenken, schlug Pipi mit den Zehennägeln zu und rannte weg. Der Wachmann blieb am Boden zurück und hielt sich die eine Stelle, die weder von seiner Rüstung noch von seiner Unfallversicherung geschützt war.

Wie der Blitz flitzten die Torflinge an den überraschten Orks vorbei.

»In den Wald!«, rief Pipi und duckte sich unter einem Pfeil, der ihm das Haupthaar bis auf die Knochen scheitelte. Schreie und Stimmengewirr schallten von allen Seiten, während die Torflinge auf den sicheren Wald zurannten. Wie es der Zufall wollte, erscholl das wilde »Määäh« der Bockshörner, mit denen die Schlandser zum Angriff bliesen.

Die Torflinge sprangen in Deckung und sahen erschrocken mit an, wie die blutrünstigen Schafsherren gegen die Orks vorrückten, und sie hörten hundertfaches Kriegsgeblöke durch den Morgendunst hallen. Die Orks hatten die entflohenen Gefangenen vergessen und hielten wacker die Stellung, während in Wellen der wollene Tod über sie hereinbrach. Schlachtfeudel krachten scheppernd gegen daumendicke Schädeldecken. Schreie und Säbelhiebe drangen aus der Entfernung in die Ohren der Torflinge, und sie sahen mit offenem Mund dem Gemetzel zu. Die zahlenmäßig unterlegenen Orks wichen zurück, aber die geifernden Merinos stürmten zwischen sie, stießen und traten und kämpften ebenso gemein und schmutzig wie die Berserker auf ihren Rücken. Eine Handvoll Orks war zu sehen, die die Hackmesser hingeworfen hatten und eine weiße Fahne schwenkten. Die Sieger lächelten breit, umringten sie und begannen zu hacken, zu hauen und das Wunder von Bern mit Orkschädeln nachzustellen. Mit aufgekratztem Lachen nahm der fröhliche Reitertrupp den Leichen Brieftaschen und Goldkronen ab. Pipi und Mucki wandten die Augen von dem Massaker ab und kämpften erfolglos gegen ihre Übelkeit.

»Oha! Die Lammfresser machen keine halben Sachen.«

Mucki und Pipi fuhren erschrocken herum und blickten im Wald umher. Sie waren ganz sicher, eine tiefe, grollende Stimme gehört zu haben, aber niemand war zu sehen.

»Hallo?«, sagten sie zögerlich.

Die Brüder suchten fieberhaft nach der Quelle des Lachens, aber erst als über ihnen ein großes, laubgrünes Auge blinzelte, entdeckten sie den riesigen Riesen, der direkt vor ihnen stand. Mit offenem Mund blickten sie den Hünen an, der fast zwei Meter hoch vor ihnen aufragte (Größe XXXL). Er war von Kopf bis Fuß hellgrün. Ein breites pastellgrünes Lächeln breitete sich auf seinem Gesicht aus, und der Gigant lachte erneut. Als die Torflinge ihre Kinnladen wieder im Griff hatten, sahen sie, dass der Riese in einer Hand einen Daisho-Energydrink hielt und bis auf ein T-Shirt mit der Aufschrift »Peta statt Feta« nackt war.

»Oh, nein«, stöhnte Pipi, »das darf nicht sein!«

»Ist aber so«, lachte die riesige Gestalt, die halb Mensch, halb Brokkoli war. »Ich bin Zartbaum der Veganier, auch der Große Grüne Spaßverderber genannt. Keine Angst, ich esse nichts, was …«

»… was ein Gesicht hat«, sprachen Mucki und Pipi mit.

»Ihr auch nicht? Wunderbar! Dachte schon, ihr wärt vielleicht Anhänger von Kuheutersekret oder Unterstützer von Hühner-KZs.«

»Wir …«, begann Pipi.

»Kommt mit«, sagte der Riese, »ich stelle euch meine Untertanen vor, die alle hier im veganischen Wald leben.«

»Bitte, bitte«, flehte Pipi, »das können wir nicht ertragen. Nicht nach allem, was wir durchgemacht haben.«

»Ich muss darauf bestehen, meine Freunde«, sagte der Riese, »denn mein Volk zieht in den Krieg gegen den bösen Karnivoren und Gastronomen Sagrotan. Wir wissen, dass auch ihr sein Feind seid, und ihr müsst mit uns kommen und helfen, diesen Obstverächter zu besiegen.«

»Na gut«, seufzte Pipi, »was muss …«

»… das muss«, seufzte Mucki.

»Seufzet nicht«, tröstete sie der Riesenbrokkoli, klemmte sich die beiden Torflinge unter die Röschen und stapfte los. Die Torflinge zappelten und schrien und versuchten ein letztes Mal, dem ins Kraut geschossenen Langweiler zu entkommen. Aber gegen seinen hohen Ballaststoffgehalt kamen sie nicht an.

Agronom, Ligerad und Gimik massierten ihre schmerzenden Muskeln unter einem schattigen Gehölz, während die Schlandser ihre sabbernden Reittiere tränkten und die schwächsten schon mal für das Abendessen aussuchten. Drei lange Tage waren sie hierhin und dorthin geritten, über felsigen Boden und ebenes Gelände, immer auf die gefürchtete Festung von Sagrotan dem Beigen zu, und die Stimmung innerhalb der Truppe hatte sich deutlich verschlechtert. Ligerad und Gimik hörten nicht auf, einander zu ärgern, und als der Elb den Zwerg auslachte, nachdem der gleich am ersten Tag vom Schaf gefallen und blutig geschleift worden war, revanchierte sich Gimik, indem er Ligerads Wollross heimlich ein starkes Abführmittel verpasste. Das kranke Schaf trug den Elben daher am zweiten Tag im Zickzack von einem Toilettengang zum nächsten. In der Nacht rächte sich Ligerad, indem er das rechte Hinterbein von Gimiks Merino stutze, sodass dessen Reiter am dritten Tag viele Stunden lang heftige Seekrankheit erlitt. Es war keine ruhige Reise.

Außerdem kam es sowohl Gimik als auch Ligerad vor, als wäre etwas Seltsames über Agronom gekommen, seit sie die Schlandner getroffen hatten, denn er saß lustlos vor sich hin summend im Sattel und blickte immer wieder heimlich zur Heerführerin der Schafsritter hinüber, die alle seine Annäherungsversuche abwies. In der letzten Nacht des Ritts erwachte Ligerad und sah, dass der Waldhüter im Zweimannzelt fehlte. Da hörte er einen riesigen Tumult im nahen Gebüsch. Bevor der Elb sein Haarnetz abnehmen und seine Waffe gürten konnte, kehrte Agronom zurück, melancholischer denn je, und verarztete ein verstauchtes Handgelenk und zwei blauviolette Augen.

»Gegen einen Baum gerannt«, war seine einzige Erklärung.

Aber bis zu Sagrotans Festung Risenrad war es nicht mehr weit, und man unterbrach den Gewaltritt, um einen Abend lang auszuruhen.

»Uff!«, schrie Gimik schmerzerfüllt, als er sich auf eine moosige Hügelkuppe setzte, »dieser verdammte vierbeinige Schmorbraten hat mir das Steißbein zertrümmert.«

»Dann reite doch auf dem Kopf« sagte Ligerad in abfälligem Ton, »der ist weicher und weniger wert.«

»Hau ab, du Friseurlehrling.«

»Kröte.«

»Fettarsch.«

»Ekel.«

Sporengeklirr und das Knallen einer Reitpeitsche unterbrachen ihre Diskussion. Die drei Gefährten sahen, wie Oaweh ihre üppigen Formen zu ihnen hinaufbewegte. Sie klopfte Staub und Wollfett von ihren nietenbeschlagenen Stiefeletten und schüttelte kritisch das Gehörn.

»Ihr beeden seid imma noch am Zanken?« Sie wich den unverwandten, feurigen Blicken Agronoms verächtlich aus und lachte laut. »Im Vaterland jibt et keene Streithähne«, tadelte sie und zog zur Betonung mehrere Dolche.

»Die Jungs sind nur erschöpft von dem langen Ritt«, nervte der verknallte Förster und knabberte verspielt an ihren Absätzen, »aber umso begieriger nach Schlachtgetümmel. So wie ich begierig bin, vor Euren preußischblauen Augen meine Tauglichkeit zu beweisen.« Oaweh würgte hörbar und spuckte einen großen braunen Priem gegen den Wind. Sie stapfte angewidert davon.

»Abjeblitzt«, sagte Gimik.

»Mach dir keinen Kopf«, tröstete Ligerad und legte seinen Arm um Agronoms Schultern, »die Frauen von Schland sind schwer zu erobern und leicht zu verlieren. Andersherum wär besser.«

»Langsam wird er kirre«, sagte der Zwerg und tippte mit dem Finger an die Stirn.

Es wurde dunkel, und die Lagerfeuer der Schlandser begannen zu flackern. Hinter dem nächsten Hügel lag das Tal von Risenrad, das der tüchtige Zauberer inzwischen in »Sagrotanland« umbenannt hatte. Niedergeschlagen schlurfte der Waldhüter zwischen den ruhenden Kriegern umher und hörte kaum ihr stolzes, zum Klirren schaumiger Humpen gegröhltes Lied:

Wir sind die stolzen Schlandsen
Mit Stiefeln und mit Lanzen,
Wir reiten Schaf bei Wind und Wetter,
Mit Anorak und Wolfskin-Sweater.

Wir tanzen Polka, tanzen Märsche,
Wir heißen Volker, niemals Serge,
Wir bringen Frieden, bringen Freude
Und nehm' als Beute eure Bräute.

Die Männer tollten um die Feuer, lachten und scherzten. Zwei blutverschmierte Wettkämpfer hackten unter dem Jubel der flachshaarigen Zuschauer mit Säbeln aufeinander ein, und etwas weiter johlte eine Gruppe von Kriegern vor Schadenfreude, da einem Hund etwas Unschönes angetan wurde.

Aber das alles erheiterte Agronom nicht. Liebeskrank ging er fort ins Dunkle und murmelte unentwegt vor sich hin: »Oaweh, meine Oaweh.« Morgen würde er solche Heldentaten an den Tag legen, dass sie auf ihn aufmerksam werden musste. Er lehnte sich gegen einen Baum und seufzte.

»Schlimm erwischt, was?«

Stapfer zuckte mit einem Aufschrei zusammen, aber es war nur der vertraute Eierkopf Gimiks, der aus dem Gezweig ragte.

»Ich habe dich nicht kommen sehen«, sprach Agronom und steckte sein Schwert in die Scheide.

»Ich versuche nur, diesen Deppen loszuwerden«, sagte der Zwerg.

»Welchen Deppen, mein Herr?«, fauchte Ligerad, der hinter dem Baum seine Lanze poliert hatte.

»Wenn man vom Teufel spricht«, stöhnte Gimik.

Die drei setzten sich unter die breiten Äste des Baums und dachten über die anstrengende Reise nach, die sie scheinbar sinnlos hinter sich gebracht hatten. Was würde ein Sieg über Sagrotan nützen, wenn Saurum Froyos Ring für sich beanspruchte? Wer könnte dann seiner Macht widerstehen? Lange grübelten sie darüber nach.

»Jetzt wäre der richtige Zeitpunkt für einen Plot-Twist«, sagte Ligerad müde.

Plötzlich gab es einen lauten Knall und einen hellen Lichtblitz, der die der Erschrockenen einen Moment lang blendete. Der beißende Geruch von Polenböllern erfüllte die Luft, und die Gefährten hörten ein deutliches »Wumms«, gefolgt von einem noch lauteren »Uff«. Dann sahen sie hinter wirbelndem Konfetti eine leuchtende, ganz in Weiß gekleidete Gestalt, die Zweige und Schmutz von ihren makellosen Schlaghosen und glänzenden Plateaustiefeln bürstete. Oberhalb einer engen weißen Nehru-Jacke und einem kitschigen Medaillon kontrastierte ein säuberlich gestutzter grauer Bart mit einer Panorama-Sonnenbrille. Abgerundet wurde das ganze Outfit von einem großen weißen Panamahut mit Straußenfeder.

»Sagrotan!«, keuchte Agronom.

»Knapp daneben ist auch vorbei«, gackerte die Lichtgestalt und schnippte sich unsichtbaren Staub von der Schulter. »Ratet noch mal. Es ist in der Tat traurig, wenn alte Freunde nicht erkannt werden!«

»Sandalf?!«, riefen die drei.

»Niemand anderer«, sagte der Alte. »Ihr scheint erstaunt über mein Wiederauftauchen.«

»Aber wie hast … hast du …?«, begann Ligerad.

»Wir dachten, der Ballack …«, sagte Gimik.

Der alte Zauberer zwinkerte und rückte sein vulgäres Medaillon zurecht.

»Meine Geschichte ist tatsächlich lang, und ich bin nicht mehr derselbe Sandalf der Saubere, den ihr einst gekannt habt. Ich habe viele Wandlungen durchgemacht, deren tiefere Gründe ihr nicht begreifen würdet.«

»Na, ein bisschen Oil of Olaz und einmal Kleiderkreisel«, flüsterte der aufmerksame Zwerg.

»Das habe ich gehört!«, sagte Sandalf und kratzte sich an einer rasiermesserscharfen Kotelette. »Unterschätze nicht meine jetzige Gestalt, denn meine Kräfte sind noch stärker geworden.«

»Aber wie hast du …«

»Ich bin viel gereist, seit wir uns das letzte Mal begegnet sind, und ich habe viel gesehen, und ich würde euch gern einiges verraten«, sagte Sandalf.

»Alles außer dem Namen deines Friseurs«, bat Gimik. »Wo sind eigentlich diese Klamotten her? Halloween ist doch noch hin.«

»Aus einer entzückenden kleinen Boutique in Lalelúrien. Passen doch super zu mir.«

»Mehr, als du ahnst«, stimmte der Zwerg zu.

»Aber wie hast …«, begann Ligerad erneut.

Der Zauberer bat mit einer Geste um Schweigen.

»Wisset, dass ich nicht mehr der Zauberer von einst bin. Mein Geist wurde geläutert, mein Wesen wurde verändert, mein Image wurde neu gelauncht. In mir ist nur noch wenig übrig von meinem früheren Selbst.« Mit einer schwungvollen Bewegung zog Sandalf seinen Hut und verbeugte sich tief. »Ich bin rundum erneuert.«

»Wetten, nicht?«, grunzte Gimik, als er fünf Asse aus dem Hut fallen sah.

»Aber Sandalf!«, rief der Elb ungeduldig. »Du hast uns immer noch nicht erzählt, wie du den Klauen des Ballacks widerstanden und seine zehrenden Flammen überlebt hast, wie du den Sturz in die Grube überstandest und den blutrünstigen Orks entkamst und wie du uns hier gefunden hast!« Die Sterne am samtenen Himmel über ihnen wurden heller, und der Elb, der Zwerg und der Waldhüter sammelten sich um den strahlenden Weisen, um die Geschichte seiner wundersamen, unmöglichen Rettung zu hören.

»Nun«, begann Sandalf, »nachdem ich all das vollbracht hatte …«

VII

DER BEISTAND DER BEILAGEN

Das klagende Zwitschern der Vögel am Morgen weckte Ligerad, und er blickte verschlafen in die aufgehende Sonne. Er sah, dass die ganze Gesellschaft schlief, bis auf Sandalf, der gemütlich auf dem Buckel des schnarchenden Gimik Solitaire spielte.

»Den König kann man nicht auf einen Buben legen. Das ist geschummelt«, mahnte der Elb.

»Aber meine Faust kann ich dir in die Kehle rammen«, entgegnete der schlagfertige alte Zauberer, »also warum baust du nicht eine Kuckucksuhr oder was auch immer du in deiner Freizeit machst. Ich meditiere.«

Aber der Elb sah den Zauberer voller Zuneigung an. Die halbe Nacht hatten sie zusammengesessen und Sandalfs Geschichten von seltsamen Wanderungen und mutigen Taten gelauscht. Geschichten voll von Sandalfs Tapferkeit und Gerissenheit angesichts unnennbarer Feinde. Geschichten, in denen jeder sofort einen Haufen absurder Lügen erkannte. Falls Sandalf verwandelt worden war, dann nicht sehr viel. Außerdem fehlte Gimiks Armbanduhr.

Langsam erwachte der Rest der Truppe. Agronom erhob sich als Letzter, teils, weil er die schöne Schlandserin anglotzte, und teils, weil er seinen Hosenlatz nicht zubekam. Sorgfältig bereitete der Jägersmann der Gesellschaft ein karges Frühstück aus Eiern, Waffeln, Speck, Grapefruit, Pfannkuchen, heißem Porridge, frisch gepresstem

Orangensaft und knusprigen Röggelchen. Niemand, da waren sich alle seit Beginn ihres Abenteuers einig, buk so gute Röggelchen wie der liebe Agronom.

»Seita endlich uff den Beenen?«, knurrte eine Stimme. Alle Köpfe drehten sich zu Oaweh um, die sich in ihre besten Stiefel, Sporen und Panzer geschmissen hatte. Quer durch die Nase trug sie einen verwegenen Hühnerknochen.

»Ah, aufgetakelt und bereit zum Entern«, gluckste Sandalf und stand auf, um die verwirrte Hauptfrau zu begrüßen.

»Sie!«, keuchte Oaweh.

»Habt Ihr etwa Beowulf erwartet?«

»Aber … aber wir dachten, Sie wären mit dem Ballack druffjejangen«, sagte die Schlandmännin.

»Das ist eine lange Geschichte …«, sagte Sandalf und holte tief Luft.

»Dann ersparen Se se«, unterbrach Oaweh. »Wir müssen den Sagrotan bekämpfen. Kommse bitte mit.«

Die Gruppe folgte Oaweh zu den anderen Kriegern, die alle einsatzbereit auf ihren feurigen Rossen saßen. Die Tiere waren ebenso kampfeslustig wie ihre Reiter. Fröhlich begrüßten sie ihre Anführerin mit gerecktem rechtem Arm und witzelten leise über den seltsamen Waldhüter, der ihrer Führerin wie ein stumpfsinniger Dackel folgte. Die Truppe stieg auf. Oaweh überließ Sandalf widerwillig Thermofax, das schnellste aller Schland-Schafe. Dann brachen die Ritter in Gesang aus und ritten nach Westen in Richtung Risenrad. Sie waren erst zwei Stunden unterwegs, als sie eine Hügelkuppe erreichten und Oaweh den Befehl zum Anhalten brüllte.

Drunten im Tal lagen die Mauern von Sagrotans mächtiger Festung in rosa und blauem Pastell. Die ganze Stadt war von Mauern umgeben, und um die Mauern herum war ein lavendelfarbener Graben, den eine hellgrüne Zugbrücke querte. Wimpel flatterten tapfer im Wind, und die hohen Türme schienen wahrhaftig die Wolken zu durchstoßen.

Jenseits der Mauern erblickte die Heerschar die vielen Wunder, die schon so viele Touristen durch die Kassentore gelockt hatten. Vergnügungen aller Art lagen darin: Kirmesse und Festzelte mit Bühnenprogramm, Riesenräder und Zwerg-und-Tal-Bahnen, Kettenkarussells, Ringgeisterbahnen und Spielhöllen, in denen man sein letztes Hemd verwetten und, wenn man nicht aufpasste, eine ganze Stunde vertrödeln konnte. Jahre zuvor, als Sagrotan der Welt noch ein menschliches Antlitz zeigte, hatte Sandalf in einem solchen Etablissement als Croupier bei »Des Glückes Rad« gearbeitet, aber nur für kurze Zeit. Warum er damit aufgehört hatte, und warum er in »Sagrotanland«, wie es nun hieß, für alle Zeiten Hausverbot hatte, wusste niemand. Und Sandalf schwieg dazu.

Die Gesellschaft starrte mit Sorge auf die stillstehenden Räder und die in Planen gehüllten Attraktionen. An den aufragenden Zinnen standen Reihen von Bogenschützen und Pikenieren, hinter ihnen Kessel mit kochendem Mehl. Über den Wällen erhob sich ein riesiges Schild mit dem Gesicht einer Zeichentrickfigur, die alle Welt aus Comic-Schriftrollen und als billiges Spielzeug kannte. Es war das Antlitz von Dickey Drach, das die Reiter über den Buchstaben »WILLKOMMEN IN SERUTANLAND« anfunkelte, »WOCHENTAGS HALBER EINTRITT«. Überall, merkten sie, grinste ihnen Dickey Drach hirnlos entgegen. Wimpel, Schilde, Mauern trugen alle dasselbe idiotische, mit der Zunge wedelnde Gesicht. Doch jetzt hatte sich das einst so geliebte Geschöpf als Symbol der Machtgier seines Schöpfers entpuppt, einer Machtgier, die gestoppt werden musste.

»Eine feste Burg ist unser Drach«, sagte Sandalf und ignorierte das Stöhnen der Umstehenden.

»Ja«, stimmte Oaweh zu, »der Sagrotan vadient sich'n joldenen Bart mit seene Dickey-Drach-Mützen und Dickey-Drach-Sweatshirts und Dickey-Drach-dit und Dickey-Drach-dat. Ein reicher Pinkel isser, der Sagrotan.«

Sandalf bestätigte, dass dies so sei, aber dass Sagrotan damals, als sie befreundet waren, kein schlechter Mensch gewesen wäre. »Aber das war alles eine Täuschung, die über seine wahren Absichten hinwegtäuschen sollte«, fügte er hinzu, »und deshalb müssen wir ihn besiegen.«

»Aber wie?«, fragte Ligerad.

»Ablenkungstaktik!«, rief Oaweh, und ihr Hühnerknochen erbebte. »Wir broochen 'nen Dummen, der ihre Uffmerksamkeit uff sich lenkt, während wir von hinten anjreifen.« Sie hielt inne und blickte aus den Augenwinkeln zum verliebten Oberförster. »Keenen Dummen, nee, 'nen *Helden*, der dit Herz jedes Fräuleins zum Schmelzen bringt, mein ich.«

Stapfer horchte auf wie ein läufiger Beagle, und er zog seine Klinge und rief: »Nirosta! Ich werde diese Aufgabe Euch zum Ruhme und zu Ehren übernehmen, um Eure Gunst zu erlangen, obschon ich nicht zurückkehren mag.« Unbeholfen trieb er sein trotziges Merino an ihre Seite und küsste ihr die schwielige Hand. »Aber zuerst bitte ich Euch um ein Pfand, schöne Oaweh, auf dass meine Tapferkeit Euren unvergleichlichen Reizen nacheifere. Ein Pfand erbitte ich von Euch.«

Oaweh nickte verwirrt mit dem gehörnten Haupt, schnallte dann ihr breites Lederarmband ab und reichte den nietenbeschlagenen Riemen Agronom, der ihn sich selig um den Hals legte.

»Na jut, hier haste dein Pfand«, sagte sie, »und jetzt ab!«

Ohne ein weiteres Wort galoppierte er unter dem Jubel der Heeresschar den Abhang hinunter zur Zugbrücke. Immer schneller raste er, während der Rest der Armee hinter der Hügelkuppe ausschwärmte. Dann, gerade als sich die scharfen Hufe des Merinos dem Tor im Festungswall näherten, wurde plötzlich die Brücke hochgezogen, sodass sichtbar wurde, was auf der Unterseite aufgemalt war: ein vertrautes schuppiges Grinsen, zusammen mit der Aufschrift »SORRY, LEUTE. WINTERPAUSE«.

Aber Stapfer war so in Fahrt, dass an Bremsen nicht zu denken war. Kopfüber stürzte er in den lavendelfarbenen Wallgraben. Im Wasser um sich schlagend, schrie Stapfer vor Angst, denn im Graben wimmelte es auf einmal von scharfen, rauen Schnäbeln. Große Schnappschildkröten stürzten sich auf den ertrinkenden Waldhüter, und die Bogenschützen bemerkten den Tumult und deckten den Fehlgeleiteten mit Fehlschüssen ein.

Oaweh hörte seine Schreie, kam über den Hügelkamm geritten und sah den von allen Seiten bedrängten Stapfer im Wallgraben zappeln. Sie stieß einen schlandischen Fluch aus, raste hinab, sprang vom Reittier direkt in den Graben, klemmte sich Agronoms Kopf unter die muskulöse Achsel und schwamm zum Ufer. Dann sahen alle voller Bewunderung, wie sie im knietiefen Wasser aufstand und sich schleunigst in Sicherheit brachte, gefolgt von zwei triefnassen und pfeilgespickten Merinohengsten.

Die Schlandner brachen in laute Beifallsrufe aus, als ihre Führerin forsch auf den Hügel zutrabte, den keuchenden Waldhüter immer noch im Schlepptau. Leise murrend beatmete sie Stapfer Mund zu Mund, und er erbrach eine erstaunliche Menge Wasser und mehrere kleine Schildkröten. Die tückischen Reptilien hatten einen Großteil seiner Kleidung zerbissen und ihm nur die Unterhose gelassen, und das Edelfräulein entdeckte nun neben dem Eingriff die aufgestickte Königskrone von Gondídor.

»He«, rief sie dem halb ohnmächtigen Naturburschen zu, »da haste ja neben dem Einjriff 'ne uffjestickte Königskrone von Gondídor.«

»Na klar«, sagte Sandalf, »er ist doch der rechtmäßige König dieser und sämtlicher Lande von Gondídor.«

»Echt jetze?«, fragte Oaweh, und ihre Augen weiteten sich begehrlich. »Hm. Vielleicht ist der Dummkopf doch'n Juter.« Zu jedermanns Überraschung warf sie sich Stapfer über die Schulter, flüsterte ihm zärtlich ins Ohr und klopfte ihm den Rücken, damit er Bäuerchen machen konnte.

»Jetzt ist nicht die Zeit für höfische Kurzweil«, sagte Sandalf. »Unser Ablenkungsmanöver ist fehlgeschlagen und der Feind nun vorgewarnt und über unsere Absichten im Bilde. Die Stunde des Angriffs ist vorbei, wir sind verloren.«

»Heißt das, dass wir jetzt nach Hause gehen können?«, fragte Ligerad.

»Nein!«, sagte der Zauberer, und sein Medaillon blitzte in der Sonne, »denn ich sehe in der Ferne eine gewaltige Armee herannahen.«

»Mist«, seufzte Gimik. »Ich dachte, wir hätten Feierabend.«

Mit ängstlichem Blick sahen alle, wie sich eine dunkle Masse über einen fernen Hügel ausbreitete und sich mit besorgniserregender Schnelligkeit auf sie zubewegte. Ob Freund oder Feind, niemand konnte es erkennen. Viele Minuten lang sahen sie zu, bis von den Zinnen von Sagrotanland die Drehorgeln Alarm bliesen.

»Das muss die Ork-Verstärkung sein, die uns alle vernichten kommt!«, jammerte der Elb. »Saurum hat Legionen gegen uns aufgeboten!«

»Nein!«, rief Agronom. »Es sind keine Orks. Jene dort sind mit nichts vergleichbar, was ich je sah.«

Die anderen sahen, dass es wahr war. Reihe um Reihe riesiger kriegerischer Gemüse drängten sich in Richtung Sagrotanland, angeführt von einem enormen Brokkoli. Ein unheimliches Kriegslied ertönte:

Hebt die Wurzeln, spreizt die Ranken,
Unsre Stängel soll'n nie wanken.
Blumenkohl und Kaiserschote,
Rücket vor, gleich gibt es Tote.
Sellerie und Kohl und Kürbis,
Schlagt den Gegner, bis er mürb is.
Quetscht sein Fruchtfleisch, dass es spritzt,
dass die Schale ihm zerschlitzt.
Malmt die Orks zu Matsch und Pulpe,
Das gibt Dünger für die Tulpe!

Bei diesem Gesang liefen die aufgescheuchten Schafe aufgescheucht wie Schafe umher. Verblüfft sah die Truppe Kürbis-Kürassiere, Kartoffel-Kompanien, Bataten-Bataillone und Rettich-Regimenter zum Klang eines Topinambur-Tambourcorps aufmarschieren. Dahinter machten sich noch weitere Formationen bereit: zu allem entschlossene Avocados, bewaffneter Lauch und brutale Auberginen.

Der Boden erbebte unter dem Gleichschritt der Horde, die Luft knisterte von ihren Schlachtrufen. An der Spitze der Kolonne schritt stolz der grüne General, der seiner dürftigen Kleidung ein Paar Schulterstücke aus Maisseide hinzugefügt hatte. Auf seiner Schulter saßen zudem zwei vertraute Gestalten, und Sandalf war der Erste, der sie erkannte.

»Unsere beiden Maskottchen, potz Blitz!«, rief er.

Und es stimmte.

Auf Zartbaums Schultern saßen unsicher Mucki und Pipi und winkten Sandalf und den anderen wild zu.

Die vielen Hektar Obst und Gemüse stapften bis an die Mauern von Sagrotanland und stellten sich in Kampfformation auf. Durch ein von Oaweh geliehenes Fernglas sah Agronom bestürzte Orks auf den Festungsmauern, die zuerst hinunterstarrten und dann panisch auf und ab liefen.

»Hohoho!«, donnerte der Riese. »Wisse, Sagrotan, dass die Veganier vor deinen Toren stehen. Gib auf oder werde Püree!«

Zuerst kam keine Antwort aus der Festung. Dann antwortete eine laute Stimme dem Riesen mit dröhnendem Hohnlachen.

»Dann gehe ich recht in der Annahme«, sagte der Riese, »dass du kämpfen willst.« Ohne ein weiteres Wort ging der Riese in die eigenen Reihen zurück und rief seinen Gefolgsleuten Befehle zu. Alles gehorchte ihm und stellte eifrig Formationen und Kriegsmaschinen auf.

Große Wassermelonen begaben sich halb rollend zum Rand des Grabens, und dicke Kartoffeln sprangen mit vollem Gewicht auf die

Melonen und feuerten einen tödlichen Melonenkernhagel ab, der die Orks von den Zinnen fegte. Die Monster fielen wie Fruchtfliegen, während die Zuschauer vom Hügel aus wild applaudierten.

Dann durchquerte ein Trupp Süßkartoffeln den Wassergraben ohne Rücksicht auf die Pfeile, die tief ins Fruchtfleisch eindrangen. In den schildkrötenverseuchten Gewässern liegend wuchsen aus den Kartoffeln lange, kriechende Ranken, die die steile Mauer emporkletterten und alle Zinnen umschlangen. Die Ranken dienten als Steigleitern für die Einsatzgurken, die eilig hinaufkletterten und die Verteidiger angriffen. Gleichzeitig ließ Zartbaum ein riesiges Katapult heranrollen und richtete es auf die Festung.

»Chemische Kriegsführung!«, rief Oaweh und ahnte, was er vorhatte. Die staunenden Zuschauer erfuhren bald, was die Schlandnerin gemeint hatte, denn ganze drei Staffeln Kamikazwiebeln erschienen und stapelten sich in die große Schaufel des Katapults. Als der Schuss sich löste, flogen die dicken Zwiebeln in hohem Bogen über die Mauern und erzeugten beim Aufprall eine riesige Wolke aus beißendem Dunst. Durchs Fernglas sah die Truppe, wie sich die Orks fieberhaft mit schmutzigen schwarzen Taschentüchern die tränenden Augen wischten. Salven aus todesmutigen Nüssen ließen Tod und Verderben auf die Befestigungen niederregnen, und ein ohrenbetäubend knallender Popcornhagel stürzte über die Brüstungen den Handlangern Sagrotans auf den Kopf.

Aber die Orks wehrten sich immer noch verzweifelt, und ihre langen Klingen blitzten auf und tropften von vitaminhaltigem Saft. Die Wälle waren mit gehackter Petersilie, gewürfelten Zwiebeln und geriebenen Karotten übersät. Tomatensaft floss in Strömen über die Steine, und im Wassergraben schwamm gemischter Salat.

Als der große grüne Kommandant sah, dass die Kämpfe auf den Wällen noch nicht entschieden waren, rief er eine weitere Waffe zum Einsatz, einen Kürbis von der Größe eines Lastwagens. Der schwere Kürbis empfing nickend seine Befehle und polterte auf dem Rücken seiner gefallenen Kameraden über den Wassergraben. Mit Pfeilen gespickt stand der große orangene Krieger vor der hochgezogenen Zugbrücke und rammte seine gewaltige Masse dagegen. Die ganze Festungsmauer zitterte und bebte. Immer wieder krachte er gegen das Tor, während die verzweifelten Verteidiger Fässer mit dampfender Hollandaise auf den Angreifer ausgossen. Angegart, aber unerschrocken trat der tapfere Kürbis einige Meter zurück und nahm einen letzten Anlauf, dann stürmte er mit voller Wucht auf die Tür zu. Es gab einen gigantischen Krach, und das Tor flog in Stücke und Splitter. Der benommene Sturmkürbis wankte zurück, geriet ins Taumeln, zuckte mit den breiten, runden Schultern und zerbrach in zwei Hälften. Die Kerne fielen heraus und vermischten sich mit dem warmen Mus der Kampfesbrüder.

Für einen Augenblick verstummten alle. Dann stürmten die Veganier mit lautem Geschrei über die gespaltene Kürbisrinde hinweg und wüteten in der Stadt. Nach ihnen kamen die Schlandser und die Gefährten, begierig darauf, an allen, die ihnen nichts getan hatten, Rache zu nehmen.

Die letzten Gefechte innerhalb der Mauern waren kurz und blutig.

Gimik drosch fröhlich singend auf verwundete Orks ein und zerstückelte leblose, wehrlose Leichen. Agronom und Ligerad erledigten tapfer mehrere erschöpfte Feinde von hinten, und Sandalf spendete fundierte Ratschläge und motivierende Kommentare von einem sicheren Sitzplatz hinter einer umgefallenen Zinne. Doch den meisten Ruhm verdienten sich an diesem Tag die Schlandner-Maid und ihre Kameraden, welche die verbleibenden Orks vernichteten. Agronom fand Oaweh im Schlachtgetümmel, wie sie fröhlich einen Ork zerhackte, der halb so groß war wie sie, und dabei ein altes Schlandner Trinklied sang. Sie sah, dass er ihr schüchtern zuzwinkerte, zwinkerte ihm lächelnd zurück und warf ihm einen runden Gegenstand zu.

»Hey! Majestät! Fang!«

Unbeholfen hob der Waldhüter das Souvenir auf. Es war der Kopf eines Orks. Sein Gesicht war erstarrt in einem Ausdruck äußerster Genervtheit.

Endlich war der Kampf vorbei und die so lange getrennten Freunde liefen mit freudigen Grüßen aufeinander zu.

»Freudige Grüße!«, riefen Mucki und Pipi.

»Gleichfalls und gern noch mehr«, sagte Sandalf und unterdrückte das Gähnen der Wiedersehensfreude.

»Heil den Wiedergefundenen«, verneigte sich Ligerad, »möge euer Haarspliss gelindert werden.«

Gimik humpelte zu den beiden Torflingen hinüber und zwang sich zu einem Lächeln.

»Pox vobiscum. Möget ihr drei ausgewogene Mahlzeiten am Tag zu euch nehmen und einen gesunden, regelmäßigen Stuhlgang haben.«

»Wie kommt es«, fragte Agronom, »dass wir einander in diesem fremden Lande begegnen?«

»Das ist eine lange Geschichte«, sagte Pipi und zog einen Stapel Notizen heraus.

»Die wir uns *später* anhören«, wehrte Sandalf ab. »Habt ihr was von Froyo und dem Ring gesehen oder gehört?«

»Keinen Piep«, sagte Mucki.

»Wir auch nicht«, meinte Gimik. »Lasst uns essen.«

»Nein«, widersprach der Zauberer, »denn wir haben den bösen Sagrotan noch nicht gefunden.«

»Mist«, sagte Gimik. »Ist schon Nachmittag.«

Gemeinsam mit Zartbaum und Oaweh machte sich die Truppe auf die Suche nach dem teuflischen Zauberer. Das Gerücht kam auf, dass Sagrotan und sein abscheulicher Gefährte Dima Schlimmername im Risenturm gesehen worden seien, der höchsten Zinne von Sagrotanland, berühmt für das rotierende Restaurant im obersten Geschoss.

»Da oben ist er«, sagte ein Sellerie. »Er hat die Aufzüge abgestellt, jetzt kann er in der Turmspitze Wurzeln schlagen.«

»Hahaha«, bemerkte der Brokkoli.

»Halt die Klappe«, fügte Sandalf hinzu.

Hoch über ihnen drehte sich das runde Panoramarestaurant mit einem blinkenden Schild, auf dem »SAGROTAN IST SPITZE« stand. Darunter schwang eine Glastür auf. Eine Gestalt erschien am Geländer.

»Da issa!«, rief Oaweh.

Vom Gesicht her sah er aus wie Sandalf, aber seine Gewandung war seltsam anzusehen. Der Zauberer trug ein feuerrotes Ganzkörpertrikot und ein langes Cape aus schwarzem Satin. Auf seinem Kopf waren schwarze Hörner aufgeklebt, und am Gesäß war ein Stachelschwanz befestigt. Er hielt eine Mistgabel aus Aluminium in der Hand und trug gespaltene Lackschuhe. Er lachte die unten Stehenden aus.

»Hahahahaha.«

»Komme herab«, rief Agronom, »und erhalte deine verdiente Strafe. Öffne die Tür und lasse uns hinein.«

»Nein«, gackerte Sagrotan, »kommt nicht infrage. Lasst uns das lieber wie vernünftige Erwachsene regeln.«

»Quatsch«, schrie Oaweh. »Ick rejel dir glei deinen Arsch!«

Der böse Zauberer wich mit gespielter Angst zurück und trat dann wieder lächelnd ans Geländer.

Seine Stimme klang beschwichtigend und melodiös und triefte vor süßen Untertönen wie ein schmelzendes Sahnebonbon. Die Gefährten lauschten ehrfürchtig seiner saccharinösen Rede.

»Lasst uns die Sache überdenken«, fuhr Sagrotan fort. »Ich habe hier mein kleines Unternehmen und verdiene im Schweiße meines Angesichts meine ehrliche Mark. Da bricht ein ganzes Konsortium von Konkurrenten gewaltsam in meine Branche ein und versucht, mich vom Markt zu verdrängen. Man hat mir meine Liquidität genommen und mein kleines Vertriebsteam zunichtegemacht. Das ist ein klarer Fall von unlauterem Wettbewerb.«

»Wow«, sagte der Riesenbrokkoli zu Sandalf, »der Kerl hat was in der Rübe. Kein Wunder, dass er so viel Kohl macht.«

»Halt die Klappe«, stimmte Sandalf zu.

»Ich habe nun einen Vorschlag«, sagte Sagrotan mit der Schwanzspitze gestikulierend. »Ich bin mit der Idee nicht verheiratet, aber ich dachte, ich werfe sie mal in den Raum und gucke, wer drauf anspringt. Ich sage gleich, dass ich mein Stück vom Kuchen haben will, aber der böse Saurum will bekanntlich die ganze Torte samt Teller. Ich schlage vor, wir gründen eine neue Dachfirma, der ich unter Verzicht auf meine bisherige Führungsposition meine Mehrheitsbeteiligung an Dickey Drach und allen Tochtergesellschaften überschreibe, im Austausch gegen jährliche Anteilsoptionen auf sämtliche Alten Ringe, die wir womöglich unterwegs auffinden. Wenn ihr noch dreißig Prozent der Beute drauflegt, die wir in Morrrdistan machen, bekommt ihr meinen Partner Schlimmername umsonst dazu. Der ist sowieso für diesen kleinen Scheinkonflikt verantwortlich.«

Aus dem Inneren des Turms ertönte ein gequälter Schrei, und eine Schale mit Wachsfrüchten verfehlte knapp Sagrotans Kopf. Ein dürrer alter Mann in der Uniform eines Laufburschen erschien für eine Sekunde und schüttelte die Faust.

»Garrrsch!«, stotterte er.

Sagrotan hob den protestierenden Schlimmername hoch und schubste ihn lässig über das Geländer.

»Aaaaaaaaaaarrrrrrrrrrrrgggggghhhh!«, sagte Schlimmername.

Mit beträchtlicher Wucht schlug der böse Handlanger auf dem harten Boden auf.

»Hab noch nie einen roten Pfannkuchen gesehen«, sinnierte Gimik.

»Dies als Zeichen meiner guten Absichten«, fuhr Sagrotan glattzüngig fort. »Haben wir einen Deal?«

»Nichts haben wir«, sagte Sandalf. »Dieser Schurke ist glitschiger als ein Aal im Vaselinetopf.«

»Warte mal«, sagte Agronom, »er hat doch einen attraktiven Kapitalanteil zugesagt.«

»Muss ich es buchstabieren? N-E-I-N«, erwiderte Sandalf und rückte seinen Hut gerade. »Ich will nicht eines Morgens mit seinem ›Deal‹ zwischen den Schulterblättern aufwachen.«

Just in diesem Augenblick schwirrte ein kleiner schwarzer Gegenstand an Sandalfs Kopf vorbei.

»Das wird allmählich eintönig«, fand Gimik.

Die Kugel titschte mehrfach vom Pflaster hoch und blieb dann vor Pipis Zehen liegen. Pipi sah sie neugierig an und hob sie dann auf.

»Wir werden dich in deinem abscheulichen Turm bewachen lassen«, sagte Sandalf, »und die Veganier werden sich mit dir befassen, sobald deine Tiefkühl-Schnitzel alle sind.«

Sandalf drehte sich um und wies auf Pipi.

»Okay, lass das.«

»Menno, ich hab doch gar nichts gemacht«, sagte Pipi.

»Nee, wirklich nichts«, verteidigte ihn Mucki.

»Gib es her«, sagte der Zauberer gereizt. »Du kannst es nicht essen, also hast du keine Verwendung dafür.«

Missmutig rückte der junge Torfling die schwarze Kugel raus.

»Jetzt«, sagte Sandalf, »müssen wir rasch handeln. Zwar sind nun die Lande von Risenrad und Schland vor Sagrotans Macht sicher, doch werden sie es nicht lange sein, wenn Gondídor selbst nicht vor Saurums Zugriff errettet wird.«

»Was müssen wir tun?« fragte Mucki.

»Ja, was denn?«, fragte Pipi.

»Wenn ihr kurz die Schnüss haltet, sage ich es euch«, keifte Sandalf. »Die schöne Stadt Minas Trone wird von Saurums Armeen aus dem Osten bedroht. Nahebei liegt die hässliche Stadt Minas Mûrx, und jederzeit kann die Schwarze Wolke ihre schönere Schwester befallen. Wir müssen all unsere Kräfte sammeln und sie verteidigen.« Er winkte Agronom. »Du, Stapfer, musst es auf dich nehmen, deine edlen Untertanen und sonstiges Kanonenfutter in Gondídor zu versammeln, um die Mauern von Minas Trone zu halten. Oaweh, du musst alle Reiter mitbringen, die du entbehren kannst, und auch Zartbaum muss seine tapferen Veganier nach Gondídor führen. Der Rest zieht direkt mit mir dorthin.«

»Hundert Worte und kein einziger Gag«, sagte Gimik, »der alte Tropf muss krank sein.«

Die Truppe verabschiedete sich und ritt schweren Herzens aus der zerstörten Festung Risenrad, wissend, dass nur noch Schlimmeres das Land heimsuchen würde. Sandalf, Mucki und Pipi bestiegen ihre nörgelnden Blöker und galoppierten im Zwielicht des Abends in Richtung der sagenumwobenen Hauptstadt von Gondídor. Als sie Abschied nahmen, winkten zwei hübsche junge Karotten mit ihrem Grün den Torflingen hinterher und stellten sich voller Hoffnung auf die zierlichen Spitzen ihrer Pfahlwurzeln, was ein wenig erschwert wurde durch die bereits merkliche Schwellung ihrer Mitte. Mucki und Pipi waren nicht untätig gewesen, seit Sandalf sie zuletzt gesehen hatte.

Die ganze Nacht und den halben nächsten Tag ritten Sandalf und die beiden Torflinge, immer auf der Hut vor Saurums Spionen. Einmal sah Mucki über sich eine schwarze Gestalt zwischen den Wolken nach Osten flattern und glaubte, ein leises, abscheuliches Krächzen zu hören. Aber er war schon seit Stunden voll auf Pfeifenkraut und sich deshalb nicht sicher.

Endlich machten sie Rast. Sandalf und Mucki legten sich nach einer Runde Kniffel (die Mucki verlor) sofort schlafen, und auch Pipi legte sich hin wie zu tiefem Schlummer. Aber als das Schnarchen seiner Gefährten regelmäßig wurde, schlüpfte er sachte aus dem Zelt und durchwühlte die Satteltaschen des Zauberers. Endlich fand er die runde, schwarze Kugel, die Sandalf so sorgfältig verborgen hielt.

Sie war kleiner als eine Wassermelone, aber größer als eine Billardkugel. Ihre Oberfläche war eben, abgesehen von einem kleinen, runden Fenster in das schwarze Innere.

»Eine magische Wunschkugel!«, rief er aus. »Wie geil ist das denn?«

Der Torfling schloss die Augen und wünschte sich ein Fässchen Bier und ein Fass panierte Kalbskoteletts. Es gab ein leises »Puff« mit feurigem Qualm, und Pipi starrte einem monströsen, unaussprechlich abscheulichen Antlitz ins Gesicht, dessen Wangen vor Zorn und Bosheit wackelten.

»Ich hab gesagt, du sollst die Pfoten davon lassen!«, kreischte der Zauberer, und seine Schlaghosen flatterten wütend.

»Hab ihn mir doch nur angesehen«, nölte Pipi.

Sandalf schnappte Pipi die Kugel aus der Hand und blickte finster. »Das«, sagte er schroff, »ist kein Spielzeug. Diese Kugel ist der wundersame Palanthiel, das Zauberdingens der Elben, das im Blechzeitalter lange als verloren galt.«

»Warum hast du das nicht gesagt?«, sagte Pipi blöde.

»Mit dem Palanthiel haben die Alten die Geheimnisse der Zeit erkundet und tief in die Herzen der Menschen geschaut.«

»So wie mit 'ner Smartwatch?«, sagte Mucki verschwiemelt.

»Passt auf!«, befahl Sandalf.

Die beiden Torflinge sahen zu, wie der Zauberer mysteriös die Hände über der Kugel schwenkte und eine seltsame Beschwörungsformel murmelte:

Hokuspokus,
Loco Parentis!
Jackie Onassis,
Dino de Laurentiis!

Mit schreckgeweiteten Augen sahen die Torflinge die Kugel aufleuchten. Sandalf murmelte weiter:

Queequeg quahog!
Quodnam quixote!
Pequod Knie schrott!
Pnin Peyote!
Presto Primo,
Uhu Fimo,
Alles super,
Hubba-Bubba!

Plötzlich war die Kugel so von einem funkelnden Glanz erfüllt, dass sie zu platzen schien, und ein leises Summen waberte durch die Luft. Pipi hörte, wie Sandalfs Stimme das schimmernde Leuchten durchdrang.

»Sage mir, oh zauberischer Palanthiel, wird Saurum besiegt werden oder wird er siegen? Wird die Schwarze Wolke der Verderbnis auf ganz Intererde niedersinken, oder wird der Herbst Sonnenschein und Glück mitbringen?«

Zu Pipis und Muckis Erstaunen bildeten sich feurige Buchstaben in der Luft, feurige Buchstaben, die den Ausgang des kommenden Kampfes gegen den Dunklen Herrscher weissagen würden. Verwundert lasen sie die Antwort:

404 Page not found.

VIII

SCHLAMPA UND ANDERE UNANNEHMLICHKEITEN

Keuchend erklommen Froyo und Spam die Spitze einer kleinen Anhöhe und blickten hinaus auf die Landschaft, die sich lieblich vor ihnen ausbreitete, wenn man von den jähen Klüften und Schluchten, den Schlackeminen, Nähereien und Flusenmühlen von Morrrdistan absah. Froyo setzte sich schwerfällig auf einen Rinderschädel, und Spam holte eine Brotdose mit Salzstangen aus der Tasche.

Plötzlich war das Geräusch von rutschenden Kieseln, knackenden Zweigen und versehentlichem Niesen zu hören. Die beiden Torflinge sprangen auf, und ein graues, schuppiges Wesen kroch langsam auf allen vieren auf sie zu und schnupperte geräuschvoll am Boden.

»Holla die Waldfee«, rief Froyo und schreckte vor der verdächtigen Gestalt zurück. Spam zog sein elbisches Tranchiermesser und trat zurück. Das Herz pochte ihm bis zum Hals, der voll war mit Salzstangenbrei.

Das Geschöpf sah sie mit bedrohlich schielenden Augen an, stand mit einem schmalen Lächeln müde auf, schlug die Hände hinter dem Rücken zusammen und begann, traurig zu pfeifen.

Da erinnerte sich Froyo an Dildos Geschichte vom Ringfund.

»Du musst Schmollum sein!«, quietschte er. »Was machst du hier?«

»Tja«, sagte die Kreatur und sprach sehr langsam. »Nicht viel. Ich sammle Pfandflaschen, um die eiserne Lunge meiner Schwägerin zu bezahlen. Seit meiner OP komme ich natürlich nicht mehr so viel rum wie früher. Schätze, ich hab einfach Pech. Das Leben ist schon komisch, auf und ab, man weiß nie. Meine Güte, ist das kalt. Ich musste meinen Mantel verpfänden, damit meine Katzen Blutplasma kriegen.«

Spam versuchte verzweifelt, seine bleiernen Augenlider offen zu halten, aber mit einem gewaltigen Gähnen sackte er zu Boden. »Du Unhold«, murmelte er und schlief ein.

»Tja, schon wieder«, Schmollum schüttelte den Kopf. »Ich merke ja, wenn ich nicht erwünscht bin«, sagte er, setzte sich hin und nahm sich vom elbischen Hawaii-Toast der Torflinge.

Froyo gab sich selbst ein paar Ohrfeigen und machte Atemübungen.

»Hör mal, Schmollum«, sagte er.

»Nee, du brauchst es gar nicht zu sagen. ›Nicht erwünscht.‹ Ich weiß. War ich ja nie. Als ich zwei Jahre alt war, ließ mich meine Mutter in einem Schließfach in einem verwunschenen Wald zurück. Ich wurde von wohlwollenden Ratten aufgezogen. Aber: Jede Wolke hat wohl ihren Silberstreif am Horizont. Ich kannte mal einen Troll namens Wyzinski …«

Froyo schwankte, sackte zusammen und schnarchte schon, ehe er auf dem Boden aufschlug.

Als Froyo und Spam erwachten, war es bereits Nacht, und nirgendwo war eine Spur von Schmollum zu sehen. Die beiden Torflinge vergewisserten sich, dass sie noch die ursprüngliche Anzahl von Fingern, Beinen und dergleichen hatten und dass nicht versehentlich irgendwelches Besteck zwischen ihren Rippen zurückgelassen worden war. Zu ihrer großen Überraschung fehlte nichts, nicht einmal eine Juwelenbrosche oder ein sonstiges Erbstück.

Froyo spürte, dass der Ring immer noch sicher an seiner Kette befestigt war. Er streifte ihn schnell über den Finger, blies die magische Notpfeife und war erleichtert, das vertraute Fis zu hören.

»Ich versteh's nicht, Herr Froyo«, sagte Spam schließlich und tastete mit der Zunge nach fehlenden Goldplomben, »der ist doch'n Taubenzüchter oder Schlimmeres.«

»Ja, hallo«, sagte plötzlich ein großer Stein, der nach und nach zu Schmollum wurde.

»Hallo«, erwiderte Froyo matt.

»Wir wollten gerade los«, behauptete Spam schnell. »Wir müssen ein Waffengeschäft in Tansania abschließen oder Kopra auf Guam besorgen oder so.«

»Das ist schade«, bedauerte Schmollum. »Ich nehme an, das heißt Lebewohl für den alten Schmollum. Aber er ist daran gewöhnt.«

»Tschüss«, sagte Spam mit Nachdruck.

»Lebe wohl, lebe wohl, Abschied ist ein kurzer Schmerz«, rief Schmollum. Er wedelte lustlos mit einem großen, fleckigen Taschentuch, ergriff Froyos Hand und begann, leise zu schluchzen.

Spam umfasste Froyos anderen Arm und zog ihn mit vollem Körpereinsatz weg, aber Schmollum hielt an ihm fest, und nach ein oder zwei Minuten gab Spam auf und sank erschöpft auf einen Felsen.

»Ich hasse es, alte Freunde gehen zu sehen«, sagte Schmollum und wischte mit dem Taschentuch in großen Zügen über den Nudelauflauf, den er als Gesicht hatte. »Vielleicht komme ich ein Stück mit.«

»Gehen wir«, sagte Froyo niedergeschlagen, und die drei kleinen Gestalten durchschritten eilig die heißblütigen Moorflächen.

Bald erreichten sie eine Stelle, wo der Boden von einem lebhaften grünen Bach getränkt war und feucht und matschig wurde, und Schmollum schlurfte vor ihnen her. Nach ein paar Hundert Schritt endete der Weg an einem dicken, stinkenden Sumpf, der mit geräucherten Dornnesseln und Stachelwurz bewachsen war.

»Das sind die Leichenmoore«, sagte Schmollum feierlich, und Froyo und Spam erblickten zwischen den modrigen Teichen Vitrinen, in denen geisterhafte Körper mit verzierten Dolchen im Rücken, Einschusslöchern im Kopf und Giftfläschchen in den Händen lagen, allesamt mit kleinen Schildchen museumspädagogisch aufbereitet.

Die kleine Gruppe trottete weiter durch das faulige Sumpfgebiet und blieb immer wieder vor den grausigen Vitrinen stehen. Nach einer Stunde Gewaltmarsch kamen sie nass und schmutzig auf trockeneres Land und gaben ihre Audioguides ab. Dort fanden sie auch einen schmalen Pfad vor, der pfeilgerade über eine öde Ebene zu einer riesigen Pfeilspitze führte. Der Mond war untergegangen, und die Morgendämmerung färbte den Himmel bräunlich, als sie den seltsam geformten Felsen erreichten.

Froyo und Spam stellten ihre Taschen unter einen kleinen Vorsprung, und Schmollum ließ sich hinter ihnen nieder und summte einen Werbejingle.

»Tja, bald sind wir da«, sagte er fast schon munter.

Froyo stöhnte.

Die Torflinge wurden am späten Nachmittag durch das Schmettern von Becken und den schrillen Ton von Trompeten geweckt, die »Schwarzbraun ist die Haselnuss« spielten. Froyo und Spam sprangen auf und sahen, dass erschreckend nah vor ihnen das große Tor von Morrrdistan in der hohen Bergwand aufragte, umrahmt von zwei hohen Türmen mit Suchscheinwerfern und einer riesigen Markise. Das Tor stand offen, und gewaltige Kolonnen strömten hinein. Froyo drückte sich ängstlich mit den Rücken gegen den Felsen.

Es wurde Nacht, als die letzten Horden in Morrrdistan eingezogen waren und sich das Tor mit tiefem Scheppern schloss. Spam lugte hinter einem Steinvorsprung hervor und schlüpfte mit einer einfachen Mahlzeit aus Brot und Fischen zu Froyo hinüber. Schmollum tauchte sofort aus einer schmalen Spalte auf und lächelte obszön.

»Der Weg zum Herzen eines Mannes geht durch den Magen«, sagte er.

»Genau den Weg wollt ich bei dir mal ausprobieren«, knurrte Spam und befingerte den Griff seines Schwertes.

Schmollum sah traurig aus. »Ich weiß, wie es ist«, sagte er. »Ich war im Krieg. Eingekesselt und unter todbringendem Beschuss von Seiten der Bolschewi…«

Spam würgte, und sein Arm wurde schlaff. »Stirb«, schlug er vor.

Froyo nahm einen großen Panettone und stopfte ihn Schmollum in den Mund.

»Mmmmf, mfffl, mmblgl«, sagte der Unhold finster.

Die kleine Gruppe brach erneut in die Nacht auf und ging viele Hektoliter nach Süden, immer den steinernen Ring entlang, der Morrrdistan wie ein steinerner Ring umgab.

Die Straße, der sie folgten, war flach und glatt, das Überbleibsel einer alten, mit Linoleum befestigten Landstraße, und als der Mond hoch am Himmel stand, hatten sie das Tor von Morrrdistan weit hinter sich gelassen. Gegen Mitternacht verschwanden die Sterne hinter vielen handgroßen Wolken, und kurz darauf fegte ein gewaltiger Sturm über das Land und ergoss nasse, verärgerte Labradors und Retriever über die elenden Reisenden. Aber die Torflinge drängten hinter Schmollum weiter voran, und nach zermürbenden 15 Minuten wurde der Sturm weniger, ließ ein paar letzte Möpse tröpfeln und zog nach Westen ab.

Den Rest der Nacht wanderten sie unter schwach sichtbaren Sternen, betäubt von der Kälte und Schmollums nicht enden wollenden Häschenwitzen. Erst sehr spät in der Nacht erreichten sie den Rand eines großen Waldes, verließen die Straße und suchten Schutz in einem kleinen Hain. Im Nu waren sie fest eingeschlafen.

Froyo schreckte aus dem Schlaf auf und sah, dass der Hain lückenlos von großen, grimmig aussehenden Männern und Frauen umringt war, die von Kopf bis Fuß in gemütlichen Fleece-Jersey gekleidet waren. Sie hielten großkalibrige Fernbedienungen mit dem Finger am Skip-Knopf und hatten allesamt viereckige Augen. Froyo stand unsicher auf und gab Spam einen Tritt.

Nun trat der größte der Schützen vor und näherte sich ihnen.

Er trug ein silbernes Abzeichen mit dem Wort »Pilotfolge« und dem Bild einer Popcorntüte, sodass Froyo in ihm den Anführer vermutete.

»Ihr seid komplett umzingelt, ihr habt keine Chance. Kommt mit erhobenen Chipstüten raus«, sagte der Kommandant streng.

Froyo verbeugte sich tief. »Kommt doch und holt mich«, sagte er dem Brauch entsprechend.

»Ich bin Farátemir, Kommandant der Ersten Staffel, Episode eins«, stellte sich der Offizier vor.

»Ich bin Froyo von nichts Besonderem«, sagte Froyo zitternd.

»Kann ich sie ein bisschen töten?«, quietschte ein kleiner, untersetzter Mann mit schwarzer Nasenklappe, der mit einer Garotte in der Hand auf Farátemir zueilte.

»Nein«, rief Farátemir. »Verrate mir«, sagte er dann zu Froyo gewandt, »wer seid ihr und was passiert in eurer Folge?«

»Meine Gefährten und ich gehen nach Morrrdistan, um den Großen Ring in die Verderbnisklüfte zu werfen. Dabei brechen alte Wunden auf und neue Chancen ergeben sich«, erklärte Froyo.

Da verdunkelte sich Farátemirs Gesicht, und er blickte zuerst Schmollum und Spam an und dann wieder Froyo, setzte ein Lächeln auf, schlich auf Zehenspitzen aus der Schonung und verschwand mit seiner Staffel in den umliegenden Wald, ein fröhliches Lied auf den Lippen:

Wir sind die Erste Staffel.
Mit Fruchteis und mit Waffel
Wird so viel, wie wir schaffen,
Gebinget, gebinget, gebinget!

Die erste Folge ist noch schwach,
Drum bleiben wir noch länger wach.
Auch Folge zwei enttäuscht bisher:
Zu flach sind uns die Charaktér,
Zu unglaubhaft der Plot.
So'n Schrott.

Wir sind die Erste Staffel.
Mit Fruchteis und mit Waffel
Wird so viel, wie wir schaffen,
Gebinget, gebinget, gebinget!

Ab Folge neun, vielleicht auch acht,
Wird's richtig gut, wurd uns gesacht.
Bis dahin gucken wir den Tinnef
Und hoffen auf ein bess'res Spin-off.
Jetzt ist die Season rum,
So dumm.

Wir sind die Erste Staffel.
Mit Fruchteis und mit Waffel
Wird so viel, wie wir schaffen,
Gebinget, gebinget, gebinget!

Als die Serienjunkies fort waren, blieben nicht mehr viele Stunden bis zur Nacht, und nach einer gemütlichen Mahlzeit aus Apfelbäckchen und Blumenkohlohren kehrten Froyo, Spam und Schmollum zur Hauptstraße zurück und traten aus dem Wald hinaus in die weite Asphaltwüste unterhalb des Osthangs von Morrrdistan. Bei Einbruch der Nacht waren sie im Schatten der Schwarzen Schlote von Minas Mûrx, der gefürchteten Industriestadt, die Minas Trone gegenüberlag. Aus der Tiefe der Erde drang das schwere »Wump-Wump« der entsetzlichen Apparate, die für Saurums Kriegsmaschinerie Gamaschen und Essgeschirr produzierten.

Schmollum führte Froyo und Spam durch die braune Düsternis zu einer von vielen Flossen ausgetretenen Fischtreppe, die steil in das Massiv der Pechberge, des beliebtesten Mittelgebirges von Morrrdistan, hinaufführte. Sie kletterten eine gefühlte Stunde lang, dann erreichten sie den Gipfel, erschöpft und in der stickig-kalten Luft würgend. Sie gelangten auf einen schmalen Felsvorsprung am Eingang einer großen Höhle mit Blick auf das schwarze Tal. Über ihnen kreisten schwarze Pelikane in großen Schwärmen, und um sie herum zuckten Blitze. Neben ihnen gähnte ein Abgrund und schlief ein.

»Sieht schwarz aus, ehrlich gesagt«, sagte Spam.

Ein stechender Geruch von alter Cervelatwurst und ranzigen Essiggurken drang aus der Höhle, und aus der Tiefe einer verborgenen Kammer ertönte das unheimliche Klicken von Stricknadeln.

Froyo und Spam traten vorsichtig in den Stollen ein, und Schmollum schlurfte ihnen nach. Ein ungewöhnliches Lächeln zog über sein Gesicht.

Vor Ewigkeiten, als die Welt noch jung war und Saurums Herz noch nicht hart wie ein alter Käsekuchen, hatte er sich eine junge Trollmaid zum Weib genommen. Ihr Name war Mazola, aber sie ward von den Elben Stefanie geheißen, und sie heiratete den gut aussehenden jungen Hexenkönig, obwohl ihre Eltern darauf herumritten, dass Saurum »nun mal kein Troll« sei und daher ihre Bedürfnisse nie würde befriedigen können. Aber die beiden waren jung und sehr verliebt.

In den ersten hunderttausend Jahren waren die Frischvermählten noch recht glücklich. Sie lebten damals in einem umgebauten Drei-Zimmer-Verlies mit Balkon, und während der ehrgeizige Gatte an der Abendschule Betriebswirtschaftslehre und Dämonologie studierte, gebar Mazola ihm neun stramme Gespenster.

Dann kam der Tag, an dem Saurum vom Großen Ring und seinen vielen Kräften erfuhr, die ihm bei seinem Aufstieg zur Macht helfen würden. Er vergaß alles andere, nahm seine Söhne trotz aller Einwände seiner Frau von der Uni und ernannte sie zu Nasdâqs. Aber der Erste Ringkrieg ging daneben. Saurum und seine Ringgeister kamen knapp mit dem Leben davon. Von da an verschlechterte sich das Eheleben. Saurum verbrachte den ganzen Tag in den Hexenwerken, während Mazola zu Hause hockte, Bannzauber häkelte und auf dem

Palanthiel Vorabendserien suchtete. Sie legte an Gewicht zu. Eines Tages erwischte Saurum Mazola und einen Palanthiel-Techniker in einer für alle peinlichen Stellung, reichte sofort die Scheidung ein und erlangte schließlich das Sorgerecht für die Neun Nasdâqs.

Mazola, die jetzt in ihre triste Umgebung in den Eingeweiden der Pechberge verbannt war, ließ ihren Hass wachsen und schwären. Schlampa hieß sie jetzt. Äonenlang nährte sie ihre Wut, stopfte sich zwanghaft mit Bonbons, Filmzeitschriften und gelegentlichen Höhlenforschern voll. Anfangs zahlte Saurum ihr pflichtbewusst monatlichen Unterhalt in Form eines Dutzends Ork-Freiwilliger, aber diese Zuwendungen hörten bald auf, als sich bei den Freiwilligen herumsprach, was »Dinner bei Saurums Ex« eigentlich bedeutete. Schlampas nagende Wut kannte keine Grenzen. Voller Mordlust durchstreifte sie ihr Versteck und verfluchte für immer die Erinnerung an ihren Gatten und seine rassistischen Ostling-Witze. Seit ewig war ihr einziges Interesse Rache gewesen, während sie in ihrer dunklen Höhle brütete. Dass ihr der Strom abgestellt wurde, hatte ihr den Rest gegeben.

Froyo und Spam stiegen nun in die Eingeweide der Pechberge hinab, und Schmollum blieb ihnen auf den Fersen. Dachten sie jedenfalls. Immer tiefer tauchten sie in den dunklen, schweren Dunst der höhlenartigen Gänge und stolperten ständig über Knochengerippe und verrottende Schatztruhen. Mit blinden Augen durchstreiften sie die Schwärze.

»Echt dunkel, würd ich mal sagen«, flüsterte Spam.

»Gut beobachtet«, brachte ihn Froyo zum Schweigen. »Bist du sicher, dass das der richtige Weg ist, Schmollum?« Es kam keine Antwort.

»Ist wohl vorgegangen«, hoffte Froyo.

Lange tasteten sie sich durch die düsteren Tunnel vorwärts. Froyo hielt den Ring umklammert. Vor sich im Tunnel hörte er ein leises

Zerquetschgeräusch. Froyo blieb wie angewurzelt stehen, und da Spam sich an seinem Schwanz festhielt, stürzten sie beide mit einem Gescheppper zu Boden, das laut durch die schwarzen Hohlräume hallte und widerhallte. Das Zerquetschen ließ erst nach und klang dann lauter. Und näher.

»Zurück in die andere Richtung«, flüsterte Froyo, »und zwar schnell!«

Die Torflinge flohen durch viele Windungen und Wendungen vor dem ominösen »Quetsch-quetsch«, aber es holte immer weiter auf, und der ekelerregende Geruch abgestandener Bonbons erfüllte die Luft. Sie liefen blindlings weiter, bis vor ihnen etwas Tumultartiges die Weiterflucht versperrte.

»Pass auf«, flüsterte Froyo, »da ist eine Ork-Patrouille.«

Dass das stimmte, merkte Spam bald am Säbelrasseln und an dem unverkennbar schmutzigen Sprachgebrauch. Die Orks stritten sich wie immer und erzählten im Näherkommen widerliche Witze. Froyo und Spam drückten sich flach gegen die Wand und hofften, unentdeckt entkommen zu können.

»Scheiße«, zischte eine Stimme im Dunkeln, »diese Ort immer unheimlich!«

»Scheißegal«, blaffte ein anderer, »Ausguck sagt, Torfling mit Ring hier drin.«

»Scheiße, ja«, meinte ein dritter, »wenn wir nicht kriegen, Saurum macht uns wieder zu normale Schreckgespenster.«

»Warum reden wir eigentlich in migrantischem Soziolekt?«, mahnte ein vierter.

Die Orks kamen näher, und die Torflinge hielten den Atem an, während sie vorbeitrotteten.

»Nun«, erklärte der erste, »weil dieser sozial stratifizierte Code als Distinktionsmerkmal einer bestimmten, habituell von der Mehrheitsgesellschaft abgegrenzten Gruppe fungiert.«

»Aber … He, da ist was!«

Gerade als Froyo dachte, sie wären vorbei, packte ihn eine kalte, schleimige Hand an der Brust.

»Krass, Alter!«, frohlockte der Ork. »Ich hab sie, ich hab sie!«

Im Handumdrehen waren sie von Orks mit Schlagstöcken und Handschellen umringt.

»Saurum sich freuen, wenn euch beide sehen!«, gackerte ein Ork und drückte sein Gesicht (und seinen Atem) gegen Froyos.

Plötzlich ließ ein lautes, kehliges Stöhnen den dunklen Tunnel erzittern, und die Orks wichen erschrocken zurück.

»Mist!«, schrie ein Ork. »Die Alte!«

»Schlampa! Schlampa!«, jammerte ein anderer verloren in der Dunkelheit.

Froyo zog sein Fiskars aus der Scheide, konnte aber nichts erkennen, auf das er hätte eindreschen können. Er dachte schnell nach und erinnerte sich an die magische Schneekugel, die Galadiner ihm geschenkt hatte. Er hielt das Glas auf Armeslänge und drückte voller Hoffnung auf den kleinen Knopf am Boden. Sofort flutete ein blendendes Bogenlicht die klamme Umgebung und offenbarte eine riesige, mit Resopal und billigem Chintz verkleidete Kammer. Und dort, vor ihnen, wogte Schlampas schreckliche Körpermasse.

Spam schrie bei dem erschröcklichen Anblick auf. Schlampa bewegte sich mit rot glimmenden Augen auf die Orks zu und schleifte dabei eine Schleppe aus Leopardenprint über den Steinboden. Sie schmiss ihren fetten Körper auf ihre vor Angst erstarrten Opfer und zerfetzte sie dann mit ihren krallenbewehrten Crocs und ihren scharfen Reißzähnen, von denen große, rote Tropfen Aperol troffen.

»Ungewaschener Schuft, du!«, kreischte Schlampa, als sie einen Ork Glied für Glied zerpflückte und seine Rüstung wegwarf wie Bonbonpapier.

»Nie nimmst du mich irgendwohin mit!«, schäumte sie und schob sich den zappelnden Rumpf in den Schlund. »Die besten Jahre meines Lebens habe ich dir geopfert!«, tobte sie und griff mit scharfen roten Fingernägeln nach den Torflingen.

Froyo drückte sich gegen die Wand und schlug mit seinem Schwert gegen die gierigen Nägel, aber es splitterte nur etwas Lack ab. Schlampa kreischte deswegen noch wütender. Als sich die gefräßige Kreatur näherte, schwand Froyos Bewusstsein. Er bekam noch mit, wie Spam dem Monster aus lauter Verzweiflung seine Merci-Packung entgegenschleuderte und wie Schlampa daraufhin zu einer miefigen Wolke aus misogynen Klischees verpuffte. Dann wurde alles schwarz.

IX

MINAS TRONE

EINGEBROCKT

Die Abendsonne ging – wie üblich – im Westen unter, als Sandalf, Mucki und Pipi ihre erschöpften Merinos vor den Toren von Minas Trone zügelten. Die Torflinge waren wie geblendet von Gondídors Hauptstadt, der sagenumwobenen Feste des Westens, die in ganz Intererde der größte Produzent von Rohöl, Jo-Jos und Schmirgelscheiben war. Um die Stadt herum lag die Ebene von Ebendá, deren Boden reich war an Börden, Förden und Flözen, ganz zu schweigen von Darren, Sülzen, Dehnen und Falten, von plätschernden Bruchsalen und wogenden Fluren. Der träge Andréas durchspülte diese grünen Ländereien und bescherte den undankbaren Bewohnern Jahr für Jahr Rekordernten an Salamandern und Anopheles-Mücken. Kein Wunder, dass die Stadt Scharen von spitzköpfigen Südländern, dicklippigen Nordländern und aalglatten Treppengeländern[14] anzog. Schließlich war sie der einzige Ort, an dem man einen Pass für die Ausreise aus Gondídor bekommen konnte.

Die Stadt selbst geht bis auf die Alten Tage zurück, als Beltelephon der Hinfällige unerklärlicherweise verfügte, dass an diesem flachen Ort eine königliche Skihütte von wundersamer Schönheit errichtet werden möge. Leider nippelte der alte König noch vor dem ersten

---

14 Das Treppengeland lag drei Stufen nördlich vom Südland und war nach seinem Wappenvogel, der Gemeinen Treppenge, benannt.

Spatenstich ab, und sein wasserköpfiger Sohn Haríbo der Unfähige missverstand naturgemäß die ungenauen Baupläne des verstorbenen Kauzes und bestellte etwas mehr Spannbeton, als für den Entwurf eigentlich erforderlich gewesen wäre. Das Ergebnis war Minas Trone oder »Haríbos's Torheit«.

Ohne triftigen Grund wurde die Stadt in sieben konzentrischen Kreisen gebaut, gekrönt von einer doppelten Gedenkstatue, die Beltelephon mit seiner Lieblingskonkubine darstellte.[15] Jedenfalls war der architektonische Eindruck letzten Endes der einer italienischen Hochzeitstorte.[16] Jeder Ring war höher als der nächste, ebenso wie die Mieten. Im untersten, siebten Ring lebten die wetterfesten Freisassen. Ihre Hütten waren so eng, dass sie meist im Freien saßen. Im sechsten Ring wohnten Kaufleute, im fünften Krieger und so weiter bis zur ersten und höchsten Ebene, wo die Großvögte und Zahnärzte residierten. Jede Ebene war mit windbetriebenen Rolltreppen zu erreichen, die ständig repariert werden mussten. Zu jenen Zeiten war »sozialer Aufstieg« daher wörtlich zu nehmen.

Jeder Ring war stolz auf die eigene Geschichte und zeigte seine Verachtung gegenüber dem darunter liegenden durch ein tägliches Bombardement mit Abfall.[17] Ausdrücke wie »Wow, ganz schön sechsy« oder »Bah, bist du dreiig« waren in aller Munde. Jede Ebene wurde durch schräg vorspringende Zinnen geschützt, die an jedem zweiten Enjambement mit Kreuzgraten und Kranzgesimsen versehen waren. Alle anderen Enjambements dagegen standen im rechten Winkel zur jeweiligen geradzahligen Einbahnstraße. Da war es kein Wunder, dass sich die Einwohner bei Terminen immer verspäteten oder gleich ganz verirrten.

---

15 Ihr Name war entweder Nephritis die Beleibte oder Nicole.
16 Der Geschichtsschreiber Ruginwaldus vermutet, dass dieses Äußere möglicherweise »zeichenhaft auf das matschige Innere hindeuten« sollte.
17 Es ist nicht geklärt, auf wen der Abfall des untersten Rings geworfen wurde, aber manches spricht dafür, dass er überhaupt nicht weggeworfen wurde, sondern aufgegessen.

Die Bürger von Minas Trone starrten die drei Reisenden, die langsam zum Palast des Erzvogts Gebenedeit emporstiegen, kurz an und gingen sofort zum Optiker. Die Torflinge wiederum betrachteten neugierig die Stadtleute: Menschen, Elben, Zwerge und Hollerweiber waren unter ihnen, aber auch Christdemokraten.

»Multikulti ist ja nicht so meins«, erklärte Sandalf.

Langsam stiegen sie die letzte knarrende Rolltreppe hinauf und betraten die oberste Ebene. Pipi rieb sich die Augen beim Anblick des Gebäudes, das vor ihnen stand. Es war ein großzügiges Anwesen mit breiten Rasenflächen und prächtigen Gärten. Feinster Marmor pflasterte den Weg unter ihren Füßen, und die vielen Springbrünnlein klingelten wie Silbermünzen. An der Tür wurde ihnen ziemlich rüde mitgeteilt, dass der Zahnarzt nicht zu Hause sei und dass sie wohl eher zu dem alten Kauz um die Ecke wollten.

Dort fanden sie einen bescheidenen Palast aus festem Bakelit, in dessen Wänden feurige Intarsien aus Flaschenböden und alten Fahrradreflektoren schimmerten. Über der massiven Sperrholztür prangte ein Schild mit der Aufschrift »Erzvogt nicht anwesend«. Darunter klebte ein weiteres mit der Aussage »Bin zu Tisch«, und darunter stand »Bin angeln«.

»Gebenedeit scheint nicht hier zu sein, wenn ich diese Schilder richtig deute«, sagte Mucki.

»Das halte ich für einen Bluff«, sagte Sandalf und klingelte anhaltend, »denn die Erzvögte von Minas Trone lebten schon immer eigenbrötlerisch. Gebenedeit der Dumme, Sohn von Gebenedikt dem Geizigen, stammt aus einer Ahnenreihe von Vögten, die viele öde Generationen zurückreicht. Lange haben sie Gondídor regiert. Der allererste Großvogt, Parrafín der Ehrgeizige, war ursprünglich in König Clorofíls Küche als zweiter Küchenjunge angestellt, als der alte König einen tragischen Tod fand. Offenbar stürzte er versehentlich mit dem Rücken in ein Dutzend Salatgabeln. Gleichzeitig floh der Thronerbe, sein Sohn Carotín, mysteriöserweise aus der Stadt, angeblich wegen irgendeiner Verschwörung und lauter Drohbriefe auf seinem Frühstückstablett. Im Zusammenhang mit dem Tod seines Vaters ergab dies kein gutes Bild, und Carotín geriet in Verruf und Verdacht. Dann fielen die übrigen Verwandten des Königs einer nach dem anderen unter merkwürdigen Umständen tot um. Manche wurden mit Geschirrtüchern erwürgt aufgefunden, andere erlagen einer Nahrungsmittelvergiftung. Einige fand man ertrunken im Suppenkessel, und einer wurde von unbekannten Attentätern mit einer Hammelhaxe zu Tode geprügelt. Mindestens drei hatten sich offenbar rücklings auf Salatgabeln geschmissen, vielleicht in einer edlen Geste der Trauer über das vorzeitige Ende ihres Königs. Schließlich gab es in Minas Trone niemanden mehr, der berechtigt und bereit gewesen wäre, die unheilvolle Krone zu tragen, und so war die Herrschaft über Gondídor frei verfügbar. Da opferte sich der Tellerwäscher Parrafín und nahm die Erzvogtswürde bis zu jenem Tage auf sich, an dem ein direkter Nachfahre von Carotín zurückkäme, um den ihm zustehenden Thron zu beanspruchen, Gondídors Feinde zu zerschlagen und endlich Glasfaser verlegen zu lassen.«

Just in diesem Moment öffnete sich ein Guckloch in der Tür, und ein Knopfauge musterte sie.

»W-w-was wollt Ihr?«, fragte die Stimme.

»Wir kommen gewandert, um Minas Trone zu helfen. Ich bin Sandalf der Saubere.« Der Zauberer nahm den Finger vom Klingelknopf, holte einen zerknitterten Zettel aus seiner Brieftasche und schob ihn durch das Loch.

»W-was ist das?«

»Meine Karte«, erwiderte Sandalf.

Sogleich flog sie ihm in kleinen Fetzen entgegen.

»Erzvogt nicht anwesend. Verreist. K-k-keine H-Hausierer!« Das Guckloch schloss sich mit leisem Knallen.

Aber so leicht zu täuschen war Sandalf nicht, und die Torflinge erkannten an seinem Blick, dass er sich über diese Unverschämtheit ärgerte. Seine Pupillen kreuzten und querten sich nämlich wie Orangen in den Händen eines Jongleurs. Er klingelte erneut, lang und laut. Das Auge blinzelte sie wieder an, und Knoblauchgeruch wehte aus dem Loch.

»I-Ihr schon wieder? Ich hab doch gesagt, er ist d-d-duschen.« Wieder schloss sich das Loch.

Sandalf sagte nichts. Er griff in seine Mao-Jacke und zog eine schwarze Kugel heraus, die Pipi zunächst für den Palanthiel mit einer daran befestigten Schnur hielt. Sandalf zündete die Schnur mit dem Ende seiner Zigarre an und warf die Kugel in den Briefschlitz. Dann rannte er mit den Torflingen im Schlepptau um die Ecke. Es gab einen lauten Krach, und als die Torflinge um besagte Ecke spähten, war die Tür auf magische Weise verschwunden. Stolz schritten die drei durch das rauchende Portal. Ein schmieriger alter Palastwächter trat ihnen entgegen und wischte sich den Ruß aus den brennenden Augen.

»Ihr könnt Gebenedeit ausrichten, dass Sandalf der Zauberer eine Audienz erwartet.« Der unwirsche Krieger verneigte sich schwankend und führte sie durch luftleere Korridore.

»Dem V-V-Vogt wird das n-nicht gefallen«, krächzte der Wächter. »H-hat den P-P-Palast seit Jahren nicht verlassen.«

»Wird das Volk nicht aufmüpfig?«, fragte Pipi.

»S-S-Sollen sie doch«, sabberte der alte Führer.

Er führte sie durch eine Wappenhalle, deren Bogendecke aus Rigips sich eine ganze Spanne hoch über ihren Köpfen wölbte. Auf üppigen Wandteppichen waren Fotokopien der sagenhaften Taten früherer Regenten aufgebügelt. Pipi tat kund, dass ihm besonders die Stelle mit dem lange vergangenen König und der läufigen Ziege gefiel. Sandalf knallte ihm eine. Die schieren Wände glitzerten von eingelassenen Schweppes-Flaschen und Spiegelfliesen, und eine blanke Aluminiumrüstung warf Lichtreflexe auf das handverlegte Laminat zu ihren Füßen.

Endlich erreichten sie den Thronsaal mit seinem berühmten Mosaik aus Reißzwecken. So wie es aussah, diente der königliche Thronsaal nebenbei auch als königliches Duschbad. Der Wächter verschwand und wurde durch einen ebenso alten Pagen in olivgrüner Livree ersetzt. Dieser schlug einen Messinggong und krächzte:

»Krümmet und kratzet Euch vor Gebenedeit, dem Groß- und Erzvogt von Gondídor und vorläufigen Vizetyrannen an des verschollenen und angeblich dereinst wiederkehrenden Königs statt.«

Der grauhaarige Page verschwand hinter einem Paravent, und daneben flatterte ein Vorhang. Heraus rollte der verhutzelte Gebenedeit in einem verbeulten Rollstuhl, der von zwei schnaufenden Waschbären gezogen wurde. Er trug Smokinghose, kurze rote Jacke und Fliege. Auf seinem kahl werdenden Kopf ruhte eine Chauffeursmütze, die das Wappen der Vögte zierte, ein ziemlich protziges Abbild eines geflügelten Einhorns mit Teetablett. Mucki nahm einen deutlichen Hauch von Knoblauch wahr.

Sandalf räusperte sich, denn der Erzvogt schlief offensichtlich tief und fest.

»Grüße und frohe Feiertage«, begann er. »Ich bin Sandalf, Hofzauberer gekrönter Häupter von Intererde, Wundertäter und zertifizierter Chiropraktiker.« Der alte Vogt öffnete ein verschwiemeltes Auge und blickte Mucki und Pipi angewidert an.

»W-w-was ist das? An der Tür steht doch ›keine Haustiere‹.«

»Dies sind Torflinge, mein Lehnsherr, kleine, aber treue Verbündete von uns im Norden.«

»Ich lasse die W-W-Wache etwas Zeitungspapier auslegen«, murmelte der Vogt, und sein faltiger Kopf fiel ihm schwer auf die Brust.

Sandalf hustete überdeutlich und fuhr fort: »Ich fürchte, ich bin der Überbringer trüber und trauriger Nachrichten. Saurums fiese Orks haben Euren eigenen geliebten Sohn Borgemir erschlagen, und jetzt trachtet der Dunkle Herrscher Euch nach dem Leben und begehrt Euer Reich für seine unaussprechlichen Pläne.«

»Borgemir?«, sagte der Vogt und stützte sich mühsam auf den Ellbogen.

»Euer eigener geliebter Sohn«, ergänzte Sandalf.

In den müden alten Augen flackerte kurz das Windlicht des Wiedererkennens auf.

»Ach, der. Schreibt mir n-n-nie, außer wegen G-G-Geld. Genau w-wie der andere. W-W-Wirklich schade.«

»Um Euren Kummer an Morrrdistan zu rächen, kommen wir mit einem Heer zu Euch, das nur ein paar Tage entfernt ist«, erklärte Sandalf.

»Morrrdistan? N-n-nie von gehört. Auch nicht von diesem dahergelaufenen Z-Z-Zauberer. Audienz beendet«, sagte der Vogt.

»Schmähet nicht den Sauberen Zauberer«, mahnte Sandalf und zog etwas aus der Tasche, »denn ich habe viele Kräfte. Wählet eine Karte aus. Irgendeine.«

Gebenedeit suchte sich aus den 52 Herz-Sieben eine aus und zerriss sie zu Konfetti. »Audienz beendet«, wiederholte er entschieden.

»Dementer Narr«, knurrte Sandalf später, als sie ihre Zimmer im Gasthaus bezogen hatten. Seit über einer Stunde schäumte er vor Wut.

»Aber was können wir tun, wenn er uns nicht hilft?«, fragte Mucki. »Der Vogel ist so gaga wie ein Elbenkuchen.«

Sandalf schnippte mit den Fingern, als wäre ihm eine Idee aufgegangen.

»Das ist es!«, kicherte er. »Der Tattergreis ist ja bekanntlich durchgeknallt.«

»Seine Kumpels auch«, bemerkte Pipi weise.

»Auch psychotisch«, sinnierte der Zauberer. »Ich wette, er hat viele suizidale Psychosen. Selbstmordgedanken. Ein Lehrbuchexemplar.«

»Selbstmord?«, sagte Pipi überrascht. »Wie kommst du darauf?«

»Nur eine Vermutung«, erwiderte Sandalf distanziert, »nur eine Vermutung.«

Die Nachricht vom Freitod des Alten Erzvogts versetzte die Stadt in Aufruhr. Die Boulevardpresse brachte ein großes Foto des lodernden Scheiterhaufens, auf den er gesprungen war, nachdem er sich erst geschickt gefesselt und dann seinen Untertanen einen Abschiedsbrief geschrieben hatte. Die Abendschlagzeilen lauteten: »GEBENEDEIT GEGRILLT«, und die Nachtausgabe berichtete: »ZAUBERER HÖRTE LETZTE WORTE, SAURUM NAHM VOGT DEN LEBENSWILLEN«.

Da Gebenedeits gesamter Hofstaat auf mysteriöse Weise verschwunden war, übernahm Sandalf großmütig die Aufgabe, ein Staatsbegräbnis zu arrangieren und eine Nationale Trauerpause für den gefallenen Regenten auszurufen. Während der folgenden Tage der Verwirrung und des politischen Aufruhrs hielt der redegewandte Zauberer zahlreiche gemütliche Pressekonferenzen ab. Zu jeder Stunde beriet er sich mit ranghohen Amtsleuten und erklärte ihnen, dass es der letzte Wille seines alten Freundes gewesen sei, ihn, Sandalf, mit den Schalthebeln der Macht zu betrauen, bis sein einzig lebender Sohn Farátemir zurückkehre. In unbeobachteten Momenten fand man ihn im Waschraum des Palastes, wo er versuchte, einen schwachen Geruch von Knoblauch und Petroleum loszuwerden.

Innerhalb einer bemerkenswert kurzen Zeit hatte Sandalf die verschlafene Hauptstadt in eine gedrillte Miliz verwandelt. Unter Einsatz aller Ressourcen von Minas Trone erstellte der Zauberer persönlich Rationslisten, Befestigungspläne und lukrative Rüstungsgeschäfte mit sich selbst als Auftragnehmer. Anfangs gab es lauten Protest gegen Sandalfs außergewöhnliche Vollmachten. Aber dann ballte sich auf einmal eine dräuende schwarze Wolke über der Stadt zusammen. Dies und ein paar unerklärliche Explosionen in den Redaktionsstuben der Oppositionsblätter brachten »diese Scheißpazifisten« zum Schweigen, wie Sandalf sie in einem viel gelesenen Interview nannte. Kurz darauf berichteten versprengte Boten aus den östlichen Provinzen von Horden von Orks, die Gondídors Grenzposten bei Osnabrúc angegriffen und überwältigt hätten. Jetzt wusste Gondídor, dass Saurums Hunde bald an den Hosenaufschlägen der Stadt schnüffeln würden.

Mucki und Pipi zappelten ungeduldig im Vorzimmer von Sandalfs Palastbüro herum, wobei ihre Füße ungefähr einen Fuß über dem Plüschteppich baumelten. Zwar hatte Sandalf die beiden zu gondídorischen Oberstleutnants ernannt und sie trugen ihre neuen Uniformen mit Stolz, aber vom Zauberer selbst hatten die Torflinge wenig mitbekommen. Die Gerüchte über die Orks verstörten sie.

»Können wir immer noch nicht zu ihm?«, jammerte Pipi.

»Wir warten schon seit Stunden!«, fügte Mucki hinzu.

Die wohlgeformte Empfangselbin verschob gleichgültig die Reize in ihrer engen Bluse.

»Tut mir leid«, sagte sie zum achten Mal an diesem Morgen, »aber der Zauberer ist immer noch in einer Besprechung.«

Die Glocke auf ihrem Schreibtisch klingelte, und bevor sie das Sprechrohr abdecken konnte, hörten die Torflinge Sandalfs Stimme.

»Sind sie schon weg?«

Die Elbenmaid errötete, während die Torflinge an ihr vorbei und durch die Tür in Sandalfs Büro sausten. Dort fanden sie den Zauberer mit einer dicken Zigarre zwischen den Zähnen und zwei wasserstoffblonden Sylphen auf dem knochigen Schoß. Verärgert blickte er Pipi und Mucki an.

»Seht ihr nicht, dass ich beschäftigt bin?«, fauchte er. »In einer Besprechung. Sehr wichtig.« Sandalf schickte sich an, seine Besprechung fortzusetzen.

»Moment mal«, sagte Pipi.

»Genau«, betonte Mucki und bediente sich aus der Schüssel mit Kaviar auf Sandalfs Schreibtisch.

Sandalf stieß einen tiefen Seufzer aus und bat die lungernden Sylphen, sich zurückzuziehen.

»Also dann«, sagte Sandalf angestrengt liebenswürdig, »was kann ich für euch tun?«

»Nicht so viel, wie du anscheinend für dich selbst getan hast«, sagte Mucki mit schwarz verschmiertem Grinsen.

»Kann mich nicht beschweren«, erwiderte Sandalf. »Das Glück war auf meiner Seite. Bedient euch ruhig.« Mucki war bereits mit dem Kaviar fertig und durchwühlte Sandalfs Schubladen nach mehr davon.

»Wir haben Angst«, sagte Pipi und ließ sich in einen teuren Sessel aus Trollleder fallen. »In der Stadt kursieren Gerüchte über Orks und andere Unholde, die von Osten her näher rücken. Eine schwarze Wolke hat sich über unseren Köpfen zusammengeballt, und Falschparken kostet auf einmal 8,5 Heller mehr.«

Sandalf blies einen dicken blauen Rauchring.

»Derlei ist nichts für kleine Leute«, sagte er. »Außerdem ist das mit der Wolke mein Thema.«

»Was ist denn mit der Wolke?«, fragte Pipi.

»Nur ein paar qualmende Ölfässer, die ich im Rechzahnwald aufgestellt habe. Hält unsere Leute auf Trab.«

»Und die Gerüchte über die Invasion?«, fragte Mucki.

»Sind nur Gerüchte«, sagte Sandalf. »Saurum wird Minas Trone vorerst nicht angreifen, und später dann werden unsere Freunde Verstärkung in die Stadt gebracht haben.«

»Dann besteht also keine Gefahr?«, atmete Pipi auf.

»Vertrau mir«, sagte Sandalf und schob sie zur Tür hinaus. »Zauberer wissen so manches.«

Der Überraschungsangriff im Morgengrauen des nächsten Tages überraschte alle in Minas Trone. Keine der geplanten Befestigungen war fertiggestellt, und das Material und die Arbeitskräfte, die Sandalfs Büro bestellt und bezahlt hatte, waren nie eingetroffen. In der Nacht hatte eine riesige Horde die schöne Stadt vollständig umzingelt, und ihre schwarzen Heerlager bedeckten die grünen Felder wie ein viele Wochen alter Schorf. Rings um die Stadt flatterten schwarze Fahnen mit der roten Nase Saurums. Und als dann die ersten Sonnenstrahlen das Land berührten, stürmte die schwarze Armee die Stadtmauern. Hunderte von Orks warfen sich, von billigem Muskateller angefeuert, gegen die Tore. Hinter ihnen marschierten Kompanien von untreuen Trollen und abtrünnigen Pandas auf, die vor Hass geiferten. Ganze Brigaden psychotischer Hollerweiber und Kobolde erhoben ihre schrillen Stimmen zu einem abscheulichen Kriegsschrei. Hinter ihnen marschierten grobschlächtige Schlendriane und Schlawiner, die so manchen tapferen Gondídorianer mit einem einzigen Hieb ihres Fleischklopfers niederstrecken konnten. Auf einer Anhöhe tauchten eine blutrünstige Masse von Schreibkräften und die gesamte Kelly Family auf. Ein schrecklicher Anblick.

Sandalf, Mucki und Pipi beobachteten all dies von den Wehrgängen aus. Die Torflinge hatten große Angst.

»Sie sind so viele, und wir sind so wenige!«, rief Pipi voller Angst.

»Wahrer Mut ist zehnfach stark«, sagte Sandalf.

»Wir sind so wenige, und sie sind so viele!«, rief Mucki angsterfüllt.

»Gras wächst nicht schneller, wenn man daran zieht. Sorge dich nicht, lebe«, bemerkte Sandalf. »Viele Köche verderben das Brimborium.«

Beruhigt legten die Torflinge ihre Stulpen und Harnische, ihre Halsbergen und Schulterpolster an und rieben sich mit Autan ein. Jeder war mit einem zweischneidigen Spachtelmesser bewaffnet, dessen Klinge sowohl scharf als auch treu war. Sandalf trug einen alten Tiefseetaucheranzug aus dickstem Latex. Nur der getrimmte Bart war durch das kleine runde Fenster des Helms zu erkennen. In der Hand hielt er eine uralte und bewährte Waffe, die bei den Elben den Namen »Heckler & Koch Halbautomatik« trug.

Pipi erblickte am Himmel über ihnen einen Schatten und schrie auf. Man hörte ein Sturzfluggeräusch, und alle drei duckten sich gerade noch rechtzeitig. Ein lachender Nasdâq riss den Schnabel seines Killerpelikans wieder himmelwärts. Plötzlich war der Himmel voller schwarzer Vögel, jeder von einem Schwarzen Reiter mit Fliegerbrille gelenkt. Die Luftpiraten flatterten hin und her, filmten ihre waghalsigen Manöver für Youtube und beschossen Hospitäler, Waisenhäuser und Kirchen mit Guano. Während sie über der verängstigten Stadt kreisten, öffneten die Pelikane ihre zahnbewehrten Mäuler und ließen unbedruckte Flugblätter auf die leseunkundigen Städter hinabregnen.

Doch nicht nur von oben wurden die Gondídorianer bedrängt. Landstreitkräfte drangen jetzt gegen das Haupttor und schossen mit brennenden Matzekugeln und wirbelnden Roland-Kaiser-CDs die Verteidiger von den Zinnen. Die Luft vibrierte vom Zischen vergifteter Bumerangs und pfeilschneller Pfeile. Einige der Letzteren schlugen Beulen in Sandalfs Helm und lösten eine Migräne aus, die ihn fast umbrachte.

Auf einmal teilten sich die vorderen Reihen vor den Mauern, und die Torflinge schrien vor Erstaunen auf. Ein monströses schwarzes Bisamschwein galoppierte aufs Tor zu. Sein Reiter war der Herr der Nasdâqs. Er war ganz in Schwarz gekleidet, an seiner Lederjacke klirrten lange Schneeketten. Das Riesengespenst stieg von seinem Keiler ab, und seine Knobelbecher sanken tief in den steinharten Boden ein. Mucki erhaschte einen Blick auf sein groteskes, pickliges Gesicht: Die Reißzähne und fettigen Koteletten des Unholds blitzten nass in der Mittagssonne. Der Fürst warf einen bösen Blick auf die Stadtmauern von Gondídor, hob dann eine schwarze Pfeife an sein klaffendes Nasenloch und nieste einen einzelnen, ohrenbetäubenden Pfiff.

Sogleich schob ein Trupp Kobolde, von Hustensaft schon halb wahnsinnig, ein riesiges Drachenweibchen auf schwarzen Rollschuhen herbei. Der Reiter tätschelte die gehörnte Drachenschnauze, kletterte auf den schuppigen Rücken und richtete den Blick des einen blutunterlaufenen Auges der Bestie auf das Portal. Das haushohe Reptil nickte und rutschte auf seinen Rädern auf das Holztor zu. Entsetzt sahen die Gondídorianer, wie der Nasdâq den Bunsen der Drächin entzündete. Dann hieb er ihr die Sporen in die Flanken, und ein Schwall feurigen Propangases wurde aus ihrem offenen Rachen gerülpst. Das Tor ging in Flammen auf und zerfiel zu Asche. Eifrig hüpften die Orks über die züngelnden Flammen und strömten in die Stadt.

»Alles ist verloren!«, schluchzte Mucki. Er war drauf und dran, sich von der Mauer zu stürzen.

»Verzweifelt nicht«, befahl Sandalf durch sein Fensterchen. »Bringt mir mein weißes Gewand, und zwar hurtig!«

»Aha«, rief Pipi, »weißes Gewand für weiße Magie!«

»Nein«, erklärte Sandalf, während er seinen Mantel an ein Billardqueue tackerte, »weißes Gewand als weiße Flagge.«

Gerade als der Zauberer mit seinem Kleid hektische Signale schwenkte, ertönte im Westen der Klang von hundert Hörnern, auf die ebenso viele im Osten antworteten. Ein starker Wind zerfetzte die schwarze Wolke und zerstreute sie, sodass zwischen den Schwaden ein großes Schild zum Vorschein kam: »RAUCHEN GEFÄHRDET IHRE GESUNDHEIT«. Die Felsen barsten, und der Himmel, obwohl wolkenlos, donnerte wie tausend Bühnenarbeiter, die auf tausend Bleche schlugen. Tauben wurden fliegen gelassen. Aus allen Himmelsrichtungen sahen die beglückten Gondídorianer große Armeen mit Blaskapellen, Feuerwerk und Luftschlangen herannahen.

Im Norden führte Gimik eine Streitkraft von tausend Zwergen an; im Süden erschien die bullige Gestalt Oawehs, die dreitausend Schafberserker befehligte; aus dem Osten tauchten zwei große Armeen auf, einerseits Farátemir mit seiner gut ausgeruhten Ersten Staffel und andererseits Ligerad mit viertausend schwer bewaffneten Innenarchitekt*innen. Schließlich ritt aus dem Westen Agronom in grauer Kluft heran, im Gefolge eine Truppe von vier Kampfdachsen und einem streitlustigen Wölfling.

Im Nu waren die Armeen bei der umkämpften Stadt und stürzten sich auf den panisch flüchtenden Feind. Im Schlachtgetümmel wurden die eingekesselten Angreifer mit Schwert und Knüppel niedergemäht. Verängstigte Trolle flohen vor den mörderischen Schlandser-Hufen, nur um von den Spitzhacken und Schaufeln der Zwerge in Stücke gehauen zu werden. Bald war der Boden mit den Leichen von Orks und Hollerweibern übersät, und der Herr der Nasdâqs war von überheblichen Elben umringt, die ihm eine derart peinliche Frisur verpassten, dass er sich vor Scham in sein eigenes Schwert stürzte. Die schwarzen Pelikane und ihre Nasdâq-Piloten wurden von Flugabwehrmöwen vom Himmel geholt. Währenddessen trieb der Wölfling das Drachenweib in die Enge und spickte es mit Nerf-Geschossen, bis das Viech einen vollständigen Nervenkollaps erlitt und mit einem schweren »Rumms« zusammenbrach.

In der Zwischenzeit kamen die Gondídorianer mit frischem Mut von den Mauern herab und stürzten sich auf die Unholde, die sich noch innerhalb der Stadt befanden. Mucki und Pipi zogen ihre Spachtelmesser und schwangen sie behände. Bald besaß kein gefallener Leichnam mehr eine Nase. Sandalf erdrosselte mit seinem Luftschlauch Orks von hinten, und Agronom tat sehr wahrscheinlich irgendetwas ziemlich Mutiges. Als er jedoch später über die Schlacht befragt wurde, blieb er eher vage.

Schließlich waren alle Feinde getötet, und die wenigen, denen es gelang, den tödlichen Ring der Verbündeten zu durchbrechen, wurden von Schlandsern gejagt und rasch mit dem Mopp zur Strecke gebracht. Die Leichen der Orks wurden zu großen Haufen zusammengetragen. Der schalkhafte Sandalf gab die Anweisung, sie einzeln als Geschenk zu verpacken und nach Morrrdistan zu schicken. Per Nachnahme. Die Gondídorianer begannen mit dem Kärchern der besudelten Bollwerke, und der immer noch zitternde Drachenleib wurde für das abendliche Siegesfest in die königlichen Küchen gekarrt.

Aber nicht alles war gut in Gondídor. Viele treue und gute Männer waren gefallen: die Gebrüder Konrad und Renrad ebenso wie Oawehs Oheim, der handfeste Oafeig. Auch Zwerge und Elben hatten ihre Verluste, und trauriges Wehklagen mischte sich in den Siegesjubel.

Zwar sammelten sich die Heerführer zur Feier ihres glücklichen Wiedersehens, aber nicht einmal sie waren von schweren Verwundungen verschont. Farátemir, Sohn von Gebenedeit und Bruder von Borgemir, hatte vier Zehen verloren und eine Platzwunde am Bauch erlitten. Die blonde Oaweh hatte einen Schnitt in ihrem massiven Bizeps sowie Trümmerbrüche am Monokel und Ersatzmonokel. Mucki und Pipi hatten im Gefecht ein Stück vom rechten Ohrläppchen verloren, und Ligerads linker kleiner Finger war schwer geprellt. Gimiks spitzer Kopf war durch den Fleischklopfer eines Schlunzen etwas gestaucht worden, aber die abgezogene Haut, die der Zwerg jetzt als Schottenrock trug, zeugte vom Ausgang jenes Zweikampfes. Zuletzt kam Sandalf angehumpelt, gestützt von dem wie durch ein Wunder unversehrten Waldhüter. Die weißen Schlaghosen des alten Zauberers waren stark ausgefranst, und auf seiner Nehru-Jacke prangte vorn ein hässlicher Fleck. Seine Plateaustiefel waren jenseits von Gut und Böse. Auch trug er seinen rechten Arm in einer farblich passenden Schlinge, aber als diese später immer wieder von Arm zu Arm wechselte, wurde die Verletzung nicht mehr sonderlich ernst genommen.

Die Tränen flossen in Strömen, als man sich begrüßte. Sogar Gimik und Ligerad schafften es, ihre Feindschaft auf ein oder zwei obszöne Gesten zu beschränken. Alles lachte und umarmte sich, besonders Agronom und Oaweh. Allerdings entgingen Agronom gewisse Blicke nicht, die ausgetauscht wurden, als die Schafsfürstin dem stattlichen Farátemir vorgestellt wurde.

»Und dieser Held«, sprach Sandalf schließlich zu Agronom, »ist der tapfere Farátemir, wahrer Erbe der Erzvogtschaft von Gondídor.«

»Welche Entzückung, ehrlich«, erwiderte Agronom eisig, während er die Hand des Kriegers schüttelte und ihm auf den verwundeten Fuß trat. »Ich bin Agronom von Ergonom, wahrer Sohn von Astronom und einzig wahrer König von ganz Gondídor. Ihr habt bereits die schöne Oaweh kennengelernt, meine Verlobte und Königin!« Der Nachdruck, den der Waldhüter in die förmliche Begrüßung legte, entging niemandem.

»Gruß und Glückwunsch«, gab der Serienjunkie zurück. »Mögen Eure Herrschaft und Eure Ehe so lange dauern wie Euer Leben.« Er nahm Agronoms Hand und zerquetschte sie.

Die beiden starrten einander mit unverhohlenem Hass an.

»Lasset uns alle zum Hause der Heilung gehen«, sprach Agronom schließlich mit Blick auf seine geschundenen Finger, »denn es gibt viele Wunden, die ich zu heilen gedenke.«

Als die Gesellschaft endlich den Palast erreichte, war vieles gesagt worden. Sandalf wurde allenthalben dafür gelobt, dass er mit seiner Fahne das Angriffssignal gegeben hatte. Viele staunten darüber, wie weise er vorausgesehen hatte, dass Hilfe auf dem Weg war, aber in dieser Angelegenheit blieb der Zauberer merkwürdig still. Betrübt war man auch darüber, dass Zartbaum ihren Sieg an diesem Tag nicht teilen konnte, denn auf dem Rückweg von Risenrad waren der grüne Riese und seine treuen Veganier von Saurums schwarzen Kaninchengeistern aufs grausamste heimgesucht worden. Von der einst mächtigen Armee war nicht ein einziger Halm übrig geblieben. Mucki und Pipi vergossen bittere Tränen über den Verlust ihrer fruchtbaren Karotten und tanzten einen ulkigen Trauertanz.

»Und nun«, sprach Agronom und winkte die verwundeten Krieger zu einem Betonbunker, »lasset uns in jenes ... äh ... Haus der

Heilung einziehen, um darinnen unsere Leiden zu lindern.« Er blickte Farátemir demonstrativ an.

»Lindern, schmindern, der hat doch jar nüscht«, wandte Oaweh ein und blickte Farátemir an wie ein Hund, der sich über ein Steak freut.

»Befolget meine Worte«, befahl Agronom und stampfte mit einem Stiefel auf.

Leiser Protest regte sich, aber man gehorchte dann doch, um des Monarchen Gefühle nicht zu verletzen. Drinnen legte Agronom eine weiße Schürze und ein Plastikstethoskop um und rannte geschäftig von einem Patienten zum anderen.

Farátemir brachte er in einen eigenen Raum weit weg von den anderen. »Nur das Beste für den Erzvogt von Gondídor«, erklärte er. Bald waren alle versorgt, bis auf den neuen Vogt. Agronom räumte ein, dass Farátemir in seinem Privatzimmer einen Rückfall erlitten habe und sofort operiert werden müsse. Er werde später beim Siegesfest dazustoßen.

Das Festessen in der großen Cafeteria von Gebenedeits Palast war ein seltener Anblick. Sandalf hatte große Mengen an Köstlichkeiten aufgetrieben; zufällig die gleichen Köstlichkeiten, die zuvor auf den Rationslisten des Zauberers gestanden hatten. Meterlange Kreppgirlanden und leuchtende Papierlaternen blendeten die Augen der Gäste. Sandalf selbst hatte das zweiköpfige Troll-Orchester angeheuert, das von einem niedrigen Saftkistenpodium aus die Gäste musikalisch unterhielt, während diese sich reichlich gepanschten Met vom Fass zapften. Dann schwankten sämtliche Gäste – all die betrunkenen Elben, beschwipsten Zwerge, hackedichten Menschen und berauschten Mischwesen – mit randvollen Tabletts vom Büfett zur langen Banketttafel und begannen zu schlemmen, als wäre es ihre letzte Mahlzeit.

»Nicht so dumm, wie sie aussehen«, bemerkte Sandalf verschlafen zu Ligerad an seiner Linken. Der Zauberer, der in frischer Schlaghose glänzte, fläzte sich zusammen mit den sturzbesoffenen Torflingen, mit Ligerad, Gimik und Oaweh in den Ehrenklappsesseln am Kopfende des Tisches. Nur die Abwesenheit von Farátemir und Agronom hielt das offizielle Festprotokoll etwas auf.

»Wo könn se nur sssein?«, fragte Mucki schließlich über das Geklapper von Tabletts und Plastikhumpen hinweg. Muckis Frage wurde beantwortet oder zumindest halb beantwortet, als die Schwingtüren des Festsaals aufflogen und eine blutbefleckte, zerzauste Gestalt erschien.

»Schtapfer!«, rief Pipi.

Die vielhundertköpfige Gästeschar hielt in ihrer Mahlzeit inne. Vor ihnen stand Agronom, immer noch in seiner Schürze, von der OP-Maske bis zu den Reitstiefeln blutbespritzt. Eine Hand war bandagiert, und unter einem Auge trug er eine übel aussehende Schwellung.

»Wat is?«, sagte Oaweh. »Wo is denn nu der fesche Farátemir?«

»Ach, ach«, seufzte der Waldhüter, »Farátemir ist nicht mehr. Ich habe alles versucht, um seine Wunden zu heilen, aber es war vergebens. Seine Verletzungen waren zahlreich und schwer.«

»Wat war denn mit ihm?«, schluchzte die Schlandnerin. »Als ihr jejangen seid, jing's ihm doch jut.«

»Schürfwunden und Prellungen im Endstadium«, sprach Agronom und seufzte erneut, »mit Komplikationen. Seine Nagelhaut war komplett durchtrennt. Er hat gar keine Chance gehabt, die arme Seele.«

»Hätte schwören können, dass er nicht mehr als eine Beule hatte«, murmelte Ligerad hinter vorgehaltener Hand.

»Jawohl«, erwiderte Agronom und warf dem Elben einen vernichtenden Blick zu, »so mochte es jemandem erscheinen, der ungeschult ist in der Kunst des Heilens. Aber diese Beule, diese Verderben bringende Beule, war sein Verderben. Wasser war im Gehirn. Das ist zu neunzig Prozent tödlich. Ich kam nicht umhin zu amputieren. Traurig, sehr traurig.« Mit Falten des Kummers im Gesicht ging Agronom zu seinem Klappstuhl. Wie auf ein vorher vereinbartes Zeichen sprangen ein paar unseriös wirkende Heinzelmännchen auf und riefen: »Der letzte Erzvogt ist nicht mehr! Heil dir, Agronom von Ergonom, König von Gondídor, heil, heil!«

In demütiger Anerkennung von Gondídors neuer Untertanenschaft berührte Stapfer seine Hutkrempe, und Oaweh, die schnell begriff, woher der Wind wehte, warf ihre kräftigen Arme mit einem glaubhaften Freudenschrei um den neuen Regenten. Der Rest der Gäste, entweder verwirrt oder betrunken, stimmte mit tausend Stimmen in den Jubel ein.

Aber dann erscholl aus dem hinteren Teil des Saals eine schrille Stimme. »Einschpruch!«

Agronom suchte die Tafel nach dem Sprecher ab, und die benommene Menge verstummte. Am anderen Ende saß eine gedrungene Gestalt mit schwarzer Nasenklappe, ganz in bequeme Sweatware gekleidet. Es war Besórgemir, ein Freund des verstorbenen Farátemir.

»Sprich«, befahl Agronom und hoffte, dass er es nicht tun würde.

»Wenn Ihr wirklich der wahre Könisch von Gondídor scheid«, flötete Besórgemir betrunken, »werdet Ihr die Prophescheiung erfüllen und unschere Feinde vernischten. Diesch will vollbracht schein, ehe Ihr König werdet. Diesche Tat müscht Ihr vollbringen.«

»Dasch musch isch schehen«, kicherte Gimik.

Agronom blinzelte nervös.

»Feinde? Aber wir sind doch alle Kameraden …«

»Pssst!«, mahnte Sandalf. »Saurum? Morrrdistan? Nasdâqs? Der Du-weißt-schon-was?«

Stapfer biss sich nervös auf die Lippe und dachte nach.

»Nun, es oblieget uns wohl, gegen Morrrdistan zu ziehen und Saurum die Stirn zu bieten … finde ich.«

Sandalfs Kinnlade klappte vor Unglauben herunter, aber bevor er Stapfer erwürgen konnte, sprang Oaweh auf den Tisch.

»Recht hatta! Wir machen jejen den Saurum mobil und jeben ihm Saures!«

Sandalfs Flehen ging im trunkenen Beifallsgebrüll unter.

Schon am nächsten Morgen marschierten die Armeen von Gondídor ostwärts, gerüstet mit langen Lanzen, scharfen Schwertern und mörderischem Kater. Tausende wurden von Agronom angeführt, der schlaff im Damensattel saß und unheimlich sauer war. Sandalf, Gimik und die anderen ritten mit ihm und beteten darum, dass ihr Tod schnell und schmerzlos sein möge und möglichst der eines anderen.

Viele Stunden rückten die Heerscharen vor. Die Kriegsmerinos meckerten unter ihrer schweren Last und die Soldaten meckerten unter ihren schmelzenden Eisbeuteln. Als sie sich dem Schwarzen Tor von Morrrdistan näherten, waren die Verwüstungen des Krieges ringsumher zu sehen: die Karren umgekippt, die Dörfer und Städte geplündert und niedergebrannt, die Models auf den Werbeplakaten mit schwarzen Schnurrbärten verunziert.

Agronom betrachtete mit finsterem Gesicht die Ruinen eines einstmals schönen Landes. »Schauet die Ruinen eines einstmals schönen Landes«, rief er und wäre beinahe vom Schaf gefallen. »Es wird viel zu säubern geben, wenn wir zurückkehren.«

»Falls wir überhaupt zurückkehren«, sagte Gimik, »putze ich persönlich die ganze Gegend mit der Zahnbürste.«

Der König nahm eine mehr oder weniger aufrechte Haltung an.

»Fürchtet Euch nicht, denn stark und mutig ist unser Heer.«

»Und hoffentlich noch nicht nüchtern, bevor wir ankommen«, grunzte Gimik.

In den Worten des Zwergs lag Wahrheit, denn der Vormarsch geriet ins Wanken, und der Schlandsertrupp, den Stapfer damit beauftragt hatte, die Nachzügler zusammenzutreiben, war seit Stunden abgängig.

Schließlich beschloss Agronom, dem Defätismus ein Ende zu setzen, und zwar durch Beschämung der zaudernden Krieger. Er befahl dem verbliebenen Herold, das Horn zu blasen, und sprach:

»Völker des Westens! Der Kampf vor dem Schwarzen Tore Saurums wird ein Kampf weniger gegen viele sein. Aber die wenigen sind von reinem Herzen, und die vielen sind von schmutzigem. Gleichwohl mögen diejenigen von euch, die zitternd und zagend dem Kampfe entfliehen möchten, dies nun tun, denn dann kommen wir schneller voran. Diejenigen aber, die mit Gondídors König weiterreiten, werden auf ewig in Sang und Sage leben! Der Rest kann weg.« Es heißt, die Staubwolke habe sich erst Tage später gelegt.

»Das war wirklich knapp«, sagte Spam, dessen Schwanz nach ihrer knappen Flucht vor Schlampa noch zitterte. Froyo nickte schwach, konnte aber immer noch nicht wirklich begreifen, was passiert war.

Vor ihnen erstreckten sich die großen Salzebenen von Morrrdistan bis zum Fuße eines riesigen Maulwurfshügels, auf dem Balkôn stand, Saurums Wolkenkratzer und Hauptquartier. Die weite Ebene war übersät mit Kasernen, Exerzierplätzen und Fuhrparks. Tausende von Orks schwärmten aus, gruben Löcher, schütteten sie wieder zu und polierten den staubigen Boden mit brachialen Poliermaschinen. Weit in der Ferne spuckten die Verderbnisklüfte die rußigen Überreste von mehreren Hundert Jahrgängen *Geo* und *Bild der Wissenschaft* in die Luft über Morrrdistan. Direkt vor ihnen, am Fuße der Klippe, blubberte und rülpste geräuschvoll eine dicke, schwarze Teergrube.

Froyo stand lange da und spähte zwischen den Fingern hindurch auf den fernen, rauchenden Vulkan.

»Bis zum Schwarzen Loch sind es noch viele schwere Kilokalorien«, sagte er und fingerte am Ring.

»Ungelogen, Massa«, bekräftigte Spam.

»Diese näher gelegene Teergrube hat auch einen gewissen lochartigen Charme«, befand Froyo.

»Rund«, stimmte Spam zu. »Offen. Tief.«

»Dunkel«, fügte Froyo hinzu.

»Schwarz«, sagte Spam.

Froyo nahm den Ring vom Hals und ließ ihn geistesabwesend am Ende der Kette kreisen.

»Herr Froyo, vorsichtig«, sagte Spam und schubste ihn mehrmals unvorsichtig.

»Klar doch«, antwortete Froyo, schleuderte den Ring in die Luft und fing ihn geschickt hinter dem Rücken wieder auf.

»Riskant«, meinte Spam, hob einen Wackerstein auf und warf ihn mitten in die Teergrube, wo er mit einem nassen Klatsch versank.

»Schade, dass wir nichts Schweres haben, um ihn sicher am Grund zu halten«, ärgerte sich Froyo und schwang die Kette über dem Kopf. »Unfälle passieren.«

»Sicher ist sicher«, sagte Spam und suchte in seinem Rucksack vergeblich nach einem schweren Gegenstand. »Irgendein Ballast, irgendwas Bleiernes«, murmelte er.

»Hallo«, rief ein grauer Klumpen hinter ihnen. »Lange nicht gesehen.«

»Schmollum, alter Schwede«, frohlockte Spam und warf Schmollum eine Münze vor die Füße.

»Die Welt ist klein«, sagte Froyo, ließ den Ring in der Hand verschwinden und klopfte der überraschten Kreatur auf den Rücken.

»Da!«, rief Froyo und zeigte auf den leeren Himmel. »Die Nike von Samothrake.« Und als Schmollum sich umdrehte, legte Froyo ihm die Kette um den Hals.

»Oha«, rief Spam, »ein 1936er-Reichspfennig mit Eichenzweig!«, und ging vor Schmollum auf alle viere.

»Ups!«, sagte Froyo.

»Whaaaa!«, fügte Schmollum hinzu.

»Flupp«, meinte die Teergrube.

Froyo stieß einen tiefen Seufzer aus, und beide Torflinge nahmen endgültig Abschied vom Ring und seinem Ballast. Als sie von der Grube wegrannten, ertönte ein lautes Blubbern aus den schwarzen Tiefen, und die Erde begann zu beben. Felsen zerbarsten, und der Boden klaffte unter ihren Füßen auf, was den Torflingen große Sorgen bereitete. In der Ferne begannen die dunklen Türme einzustürzen, und Froyo sah, wie Saurums Amtssitz Balkôn implodierte und zu einem rauchenden Haufen aus Gips und Heißkleber zerfiel.

»So wie früher wird auch nicht mehr gebaut«, bemerkte Spam und wich einer herabstürzenden Kaffeepad-Maschine aus.

Ringsum rissen große Spalten auf und schnitten den Torflingen den Fluchtweg ab. Das ganze Land schien sich zu winden und aus den tiefsten Eingeweiden zu stöhnen, die nach Äonen der Lethargie endlich in Bewegung kamen. Der Erdboden kippte auf abenteuerliche Weise, und die Torflinge rutschten auf eine Spalte zu, die mit gebrauchten Rasierklingen und zerbrochenen Weinflaschen angefüllt war.

»Ciao!«, winkte Spam Froyo zu.

»Zu einer Zeit wie dieser?«, schluchzte Froyo.

Da sahen sie direkt über ihren Köpfen einen Farbblitz vorbeirasen. Droben am Himmel flog ein riesiger Adler in vollem Gefieder und knallpinker Lackierung. Auf seiner Seite stand in Metallic-Gold geschrieben: »Deus ex Machina Airlines«.

Froyo jaulte vor Freude, als der große Vogel einen Bogen flog und sie beide mit gummierten Krallen dem Tode entriss.

»Gwahno heiß ich«, sagte der Adler, als sie sich in wildem Flug von dem zerfallenden Land entfernten. »Sucht euch 'n Platz.«

»Aber woher …?«, begann Froyo.

»Jetzt nicht, Mann«, fauchte der Vogel. »Muss 'ne Flugroute aus diesem Drecksloch finden.«

Seine mächtigen Schwingen trugen sie in schwindelerregende Höhen, und Froyo blickte mit Entsetzen auf das zuckende Land unter ihnen. Morrrdistans schwarze Flüsse wanden sich wie Drehwürmer, riesige Gletscher schlitterten über öde Steppen, und die Berge spielten Bockspringen.

Kurz bevor sich Gwahno in eine Kurve legte, glaubte Froyo, aus den Augenwinkeln ein düsteres Ungetüm von der Farbe und Form eines Pumpernickels zu erblicken, das sich mit einem Sockenkoffer voller Unpaare über die Berge verzog.

Die glorreiche Armee, die vor dem Schwarzen Tor Stellung bezog, zählte etwas weniger als die ursprünglichen Vieltausend. Um genau zu sein, waren es sieben, und es wären vielleicht weniger gewesen, wenn nicht sieben Schlachtschafe unter ihren Reitern hinweg in die ersehnte Freiheit gestürmt wären. Argwöhnisch betrachtete Agronom das Schwarze Tor nach Morrrdistan. Es war vielfach mannshoch und in einem auffälligen Rot gestrichen. Auf beiden Flügeln stand »Ausgang« geschrieben.

»Von dort werden sie kommen«, erklärte Agronom. »So lasset denn unsere Kampfstandarte flattern.«

Pflichtbewusst steckte Sandalf sein Queue zusammen und befestigte das weiße Tuch daran.

»Aber das ist nicht unsere Standarte«, sagte Agronom.

»Wetten, doch?«, erwiderte Gimik.

»Lieber Saurum als andersrum«, gab Sandalf zu bedenken und bog sein Schwert zu einer Pflugschar.

Plötzlich riss Agronom die Augen auf. »Sehet!«, rief er.

Auf den schwarzen Türmen wurden schwarze Fahnen gehisst, und das Tor öffnete sich wie ein wütender Schlund, um seinen bösen Speichel auszuspucken. Heraus strömte eine Armee, wie man noch nie eine sah. Hunderttausend tollwütige Orks kamen gestürmt und schwangen Fahrradketten und Reifenheber. Ihnen folgte Bataillon um Bataillon von sabbernden, glupschäugigen Wechselbälgern, geistesgestörten Zombies und mies gelaunten Werwölfen. Sie marschierten Schulter an Schulter mit vier Bäckerdutzend schwer gepanzerten Greifen, dreitausend Mumien im Stechschritt und einer Kolonne abscheulicher Schneemänner auf motorisierten Bobschlitten. Flankiert wurden sie von sechs Kompanien geifernder Ghule, achtzig durstigen Vampiren im Frack und dem Phantom der Oper. Über ihnen war der Himmel schwarz von den dunklen Umrissen boshafter Pelikane, von Stubenfliegen so groß wie Doppelgaragen und von mehreren aufziehenden Sharknados. Durchs Portal strömten noch weitere Feinde in allen möglichen Formen und Farben, darunter ein sechsbeiniger Diplodocus, das Ungeheuer von Loch Ness und das aus der Schwarzen Lagune, King Kong und Godzilla, das Alien und der Predator, eine Bettmilbe unter dem Mikroskop, er/ihm, die da oben und der Algorithmus von Instagram. Das Tosen ihres Angriffs hätte die Toten aufwecken können, aber die bildeten bereits die Nachhut.

»Sehet«, warnte Stapfer, »der Feind naht.«

Sandalf packte sein Queue mit eiserner Hand, während sich die anderen zitternd vor dem teuflischen Ansturm um ihn drängten, was aus dem richtigen Blickwinkel ein tolles Motiv fürs Filmplakat ergab.

»Na denne uff Wiedasehn«, sagte Oaweh, während sie Agronom in einer zärtlichen letzten Umarmung zerquetschte.

»Lebet wohl«, quietschte Agronom. »Als Helden werden wir sterben.«

»Vielleicht«, schluchzte Mucki, »sehen wir uns in besseren Gefilden wieder.«

»Dürften nicht schwer zu finden sein«, stimmte Pipi zu und machte sein Testament.

»Tschüss, Kriecher«, sagte Ligerad zu Gimik.

»Bis bald, Schleimer«, erwiderte der Zwerg.

»Sehet!«, rief Agronom und erhob sich von den Knien.

»Wenn er das noch mal sagt«, sagte Gimik, »murks ich ihn eigenhändig ab.«

Aber alle Blicke folgten dem zitternden kleinen Finger des Waldhüters. Der Himmel füllte sich mit leuchtend rotbraunem Smog, und ein starker Wind wehte einen trötenden Ton heran, ähnlich dem, den gewisse Ringe aussenden, wenn sie den Geist aufgeben. Die schwarzen Reihen schwankten in ihrem Marsch, blieben stehen und wurden nervös. Plötzlich waren von oben verzweifelte Schreie zu hören, und schwarze Pelikane fielen vom Himmel, während ihre schwarzen Reiter verzweifelt an Reißleinen fummelten. Die Horden der Orks warfen kreischend ihre Montiereisen weg und wetzten auf das offene Tor zu.

Aber als sich die Orks und ihre schuppigen Verbündeten zum Fliehen wandten, wurden sie wie von Zauberhand in Salzstreuer verwandelt. Die Schreckensarmee war verschwunden und alles, was übrig blieb, waren ein paar weiße Mäuse und ein durchnässter Kürbis.

»Saurums Heer ist nicht mehr!«, rief Agronom, als er endlich begriff.

Dann huschte ein Schatten über die Ebene. Als sie nach oben blickten, sahen sie einen pinken Adler in Warteschleife über dem Schlachtfeld kreisen, der sodann die Windabdrift korrigierend eine beachtliche Dreipunktlandung vor ihnen hinlegte und zwei hagere, aber vertraute Passagiere absitzen ließ.

»Froyo! Spam!«, riefen die sieben.

»Sandalf! Agronom! Mucki! Pipi! Ligerad! Gimik! Oaweh!«, riefen die zwei.

»Schnauze«, knurrte Gwahno, der Herr der Winde. »Ich hab Verspätung.«

Vergnügt kletterte der Rest der Gesellschaft mitsamt Oaweh auf den breiten Rücken des Adlers, und alle freuten sich schon auf den Anblick von Minas Trone. Der große Vogel begab sich in Startposition, schüttelte etwas Eis von den Schwanzfedern und sprang grazil in die Luft.

»Anschnallen«, mahnte Gwahno und ergänzte mit einem Schulterblick auf Agronom, »und benutzt bitte die Papiertüten. Dafür sind sie da, Mann.«

Die wiedervereinten Reisegefährten stiegen hoch in den Himmel empor und erwischten einen bequemen Jetstream in westlicher Richtung, der sie in wenigen Worten zur schönen Stadt Minas Trone brachte.

»Guter Rückenwind heute«, brummte Gwahno.

Der überladene Adler senkte die Flügel und setzte zur Bruchlandung vor den Toren der siebenfach geringelten Stadt an.

Müde, aber glücklich entstieg die Gesellschaft dem Vogel und nahm die jubelnde Bewunderung der riesigen Menschenmenge entgegen, die sie unter Tränen mit Banderolen und Reiswaffeln bewarf. Agronom hatte jedoch kein Ohr für die Lobpreisungen, denn er sprach immer noch der Papiertüte zu. Da näherte sich ein Schwarm anmutiger Elbenjungfern dem beschäftigten Noch-Waldhüter, und sie führten eine prächtige Krone aus purem Alu mit, auf der so manche Murmel prangte.

»Die Krone«, rief Froyo, »die Krone von Isotóp!«

Sodann setzten die Elbenschätzchen den königlichen Kopfputz auf Agronoms Ohren ab und hüllten ihn in das schimmernde Lametta des Wahren Königs von Gondídor. Als Agronom den Mund öffnete, rutschte ihm die Krone um den Hals und erstickte seine Dankesrede. Das beglückte Volk nahm dies als gutes Omen und ging nach Hause. Agronom drehte sich zu Froyo um und strahlte ihn ohne ein Wort an. Froyo verneigte sich tief vor diesem stillen Dank, aber seine Brauen wurden durch etwas anderes gekräuselt.

»Du hast den Großen Ring zerstört und die Dankbarkeit von ganz Intererde verdient«, sagte Sandalf und klopfte Froyo anerkennend auf die Brieftasche. »Als Lohn für deinen Wagemut erfülle ich dir jetzt einen Wunsch. Du brauchst nur danach zu fragen.«

Froyo stellte sich auf die Zehenspitzen und flüsterte dem lieben alten Zauberer etwas ins Ohr.

»Die Straße runter und dann links«, nickte Sandalf. »Nicht zu verfehlen.«

So kam es, dass der Große Ring zerstört und Saurums Macht für immer vernichtet wurde. Agronom von Ergonom und Oaweh von Oaring wurden bald verheiratet, und der alte Zauberer weissagte, dass schon bald acht Monokel und Helm tragende Nachkommen die Palastmöbel zerkratzen würden. Darüber erfreut entsandte der König Sandalf den Sauberen als Superminister in die neu eroberten morrrdischen Ländereien und gewährte ihm ein fettes Spesenbudget, das nur dann annulliert werden würde, sollte der Zauberer je wieder einen

Fuß nach Gondídor setzen. Gimik dem Zwerg verlieh Agronom die Schrottlizenz für Saurums überschüssige Kriegsmaschinerie. Ligerad bekam das Recht zugeschrieben, Minas Mûrx in »Ringparadies« umzubenennen und Souvenirhandel an den Verderbnisklüften zu betreiben. Zuletzt schenkte Agronom den vier Torflingen den königlichen Händedruck und Tickets für den Rückflug ins Augenland an Bord eines Adlers. Von Saurum hörte man kaum noch etwas, aber für den Fall seiner Rückkehr sagte ihm König Agronom volle Amnestie und eine Führungsposition in der gondídorianischen Verteidigungsindustrie zu.

X

Und sei es noch so

Entsetzlich

Nicht lange nach Agronoms Krönung beschritt ein müder Froyo, immer noch im zerlumpten Elbenmantel, den vertrauten Matschweg nach Popelsend. Der Flug war schnell und ziemlich ereignislos gewesen, abgesehen von einigen Luftlöchern und einem Zusammenstoß mit einer Schar Zugflamingos.

Torfingen war das reinste Drecksloch. Die sumpfigen Straßen waren gesäumt von Bergen nicht abgeholten Mülls, und den eingebildeten Halbwüchsigen war es irgendwie gelungen, ihren Unrat bis auf die Bäume zu schmeißen. Niemand hatte auch nur damit angefangen, den Müll von Dildos Party wegzuräumen. Froyo verspürte eine merkwürdige Freude darüber, dass sich während seiner Abwesenheit so wenig verändert hatte.

»Weg gewesen?«, krächzte eine vertraute Stimme.

»Ja«, sagte Froyo und spuckte den alten Fatlip nach guter alter Torfling-Sitte an. »Ich komme aus dem Großen Krieg heim. Ich habe den Ring der Macht vernichtet und Saurum, den bösen Herrscher des fernen Morrrdistan, überwunden.«

»Ach nee«, kicherte Dicklippe und durchforstete gründlich sein linkes Nasenloch. »Hab mich schon gefragt, woher du so schwule Klamotten hast.«

Froyo ging zu seinem Wohnloch und durchwatete den Haufen Post und Toffelsalat-Reklame vor seiner Tür. Drinnen inspizierte er vergeblich den Kühlschrank und kehrte dann ins Wohnzimmer zurück, um ein kleines Feuer zu machen. Dann warf er seinen Elbenmantel in die Ecke und ließ sich seufzend in einen Sessel fallen. Viel hatte er erlebt, und jetzt war er zu Hause.

Genau in diesem Moment klopfte es leise an der Tür.

»Mist«, murmelte Froyo, aus seinen Träumereien gerissen. »Wer ist da?«

Es kam keine Antwort, nur ein weiteres, eindringlicheres Klopfen.

»Na gut, ich komme ja.« Froyo ging zur Tür und öffnete sie.

Im Vorgarten saßen 23 die Leier schlagende Nymphen in durchscheinenden Onesies in einem goldenen Kanu, das auf einem kühlen Nebel aus hundert Feuerlöschern trieb und von einem Dutzend beschwipster Kobolde bemannt war, uniformiert mit schimmernden Blusen und gefransten Torerohosen. Vor Froyos Nase hockte auf einem fetten, blassblauen Einhorn ein vier Meter großes, in roten Satin gehülltes Gespenst mit juwelenbesetzten Reitstiefeln an den Füßen. Um es herum flatterten geflügelte Frösche, kleine Walküren und ein schwebender Lorbeerkranz. Das große Wesen streckte Froyo seine sechsfingrige Hand hin, in der ein mit ominösen Symbolen bedecktes Einlassbändchen lag.

»Wie ich höre«, sagte der Fremde feierlich, »unternehmt Ihr Abenteuer.«

Froyo knallte dem überraschten Gespenst die Tür vor der nicht vorhandenen Nase zu, verschloss, verriegelte und verrammelte sie und verschluckte sicherheitshalber den Schlüssel. Dann ging er stracks zu seinem gemütlichen Feuerchen und ließ sich in den Sessel fallen. Er begann an die Jahre voll herrlicher Langeweile zu denken, die vor ihm lagen. Vielleicht würde er ja mit Scrabble anfangen.

1. Auflage 2022
© 2022 by Yes Publishing – Pascale Breitenstein & Oliver Kuhn GbR
Türkenstraße 89, 80799 München
info@yes-publishing.de

Originalausgabe unter dem Titel *Bored of the Rings*
© 1969 by The Harvard Lampoon, Inc. All rights reserved.

Übersetzung und Landkarte auf Seite 14–15: Max Limper
Redaktion: Matthias Teiting
Umschlaggestaltung: Ivan Kurylenko (hortasar covers)
Layout und Satz: Carsten Klein, Torgau

Druck: CPI books GmbH, Leck
Printed in Germany

ISBN Print 978-3-96905-109-2
ISBN E-Book (EPUB, Mobi) 978-3-96905-111-5
ISBN E-Book (PDF) 978-3-96905-110-8